儿童社交能力培养课

宋佳慧◎编著

中国纺织出版社有限公司

内 容 提 要

一切社会活动的基础就是人与人之间的接触和交往。每个人都会与别人打交道,但并不是每个人都拥有好的人际关系。对于儿童来说,只有学习一些社交知识,才能提高综合素养,成为受欢迎的人。

本书从实用的角度出发,汇集了儿童需要掌握的多种社交技巧,内容涉及方方面面,包括懂礼貌、与人沟通、融入集体生活、学会合作和分享、化解矛盾冲突等方面,旨在提升儿童在不同情境中的社交能力,帮助他们自信、高效地与人打交道,构建融洽的人际关系,从而在未来更好地融入社会,成为受欢迎的人。

图书在版编目(CIP)数据

儿童社交能力培养课/宋佳慧编著.--北京:中国纺织出版社有限公司,2022.8
ISBN 978-7-5180-8719-8

Ⅰ.①儿… Ⅱ.①宋… Ⅲ.①儿童—社会交往—能力培养 Ⅳ.①G610

中国版本图书馆CIP数据核字(2021)第147403号

责任编辑:赵晓红　　责任校对:高　涵　　责任印制:储志伟

中国纺织出版社有限公司出版发行
地址:北京市朝阳区百子湾东里A407号楼　邮政编码:100124
销售电话:010—67004422　传真:010—87155801
http://www.c-textilep.com
中国纺织出版社天猫旗舰店
官方微博http://weibo.com/2119887771
三河市宏盛印务有限公司印刷　各地新华书店经销
2022年8月第1版第1次印刷
开本:880×1230　1/32　印张:7
字数:128千字　定价:49.80元

凡购本书,如有缺页、倒页、脱页,由本社图书营销中心调换

前言

我们都知道，人类社会的发展都是围绕各种活动进行的，然而一切社会活动的基础就是人与人之间的接触和交往，这就是社会交往的形成。而现代社会，一个人的社会交往能力如何，直接决定了这个人的生存与发展状况。要知道，当今社会，已经不是一个单枪匹马就可以打天下的年代，任何事都需要人与人之间的通力合作，一个人的成功与否，很大程度上来自他会不会应酬交际、能不能利用人际关系这张网。美国成功学大师戴尔·卡耐基曾说：成功，15%依靠专业知识，85%依靠人际关系。

对于成长中的儿童来说，学习科学文化知识固然重要，但同样需要注重社交能力的培养，因为他的社交能力如何，直接影响他的学习以及自我意识的形成。在孩子的成长过程中，如何与同伴建立友谊，如何建立良性的师生关系，如何与父母相处等都是需要学习的重要课程。为此，儿童心理学家哈塔布曾说："预测一个孩子成年后的生存能力，不是看他现在的学习成绩，也不是看他乖不乖，能不能遵守课堂纪律，最好的也是唯一的方法，就是看孩子能不能跟其他孩子合得来。"

儿童掌握了出色的社交能力，不但能与周围的人融洽相处，懂得解决人际矛盾和冲突，也更容易在未来的人生中体验和享受成功感；相反，社交能力欠缺的儿童，往往会表现出害羞、胆小、孤僻、退缩，或脾气暴躁、有攻击性、自私自利等，这些都会影响儿童的成长和他以后的人际关系。

不过，和任何一种能力的获得相同，儿童的社交能力也不是天生的，而是需要通过后天努力学习获得，那么在孩子的成长过程当中，父母应扮演什么样的角色帮助孩子培养人际关系呢？儿童心理学家提醒，当孩子发生一些社交问题时，父母不可妄下定论，而应从旁观察并适时给予指引，帮助孩子学习自己解决问题，让他们慢慢培养对周遭事物的洞察力、自信心与社交技巧。

为此，我们编写了《儿童社交能力培养课》一书，本书从实用的角度出发，以通俗易懂的语言风格、结合儿童常见的社交问题入手，带领儿童认识到学习社交知识的重要性，并帮助儿童学会讲礼貌、学会说话、融入集体生活、学会合作和分享、学会化解矛盾冲突等，帮助孩子提升在不同情境中的社交能力，建立良好的人际关系，更好地融入社会，成为受欢迎的人。最后，希望每个儿童都能在成长过程中觅得知己好友，都能在漫漫人生路上不再孤单，都能潇洒自如！

编著者

2022年6月

目录

第01章
培养受人欢迎的孩子，优秀社交能力是儿童受用一生的财富 ‖001

为什么非要学与人打交道
——让儿童认识到社会交往能力的重要性 ‖002
"我想交个好朋友"
——鼓励儿童在周围的生活圈子中多交善友 ‖005
我需要小伙伴的帮忙
——培养儿童与人合作的能力 ‖008
我不做势利的孩子
——告诉孩子真诚是与人交往的第一原则 ‖012
小汽车太好玩了，大家一起玩吧
——懂分享的儿童更讨喜 ‖015

第02章
友善宽容，情商是儿童社交能力培养的重要方面 ‖021

人的喜怒哀乐是怎么来的
——带领儿童认识和了解情绪 ‖022
我也有悲伤的权利
——允许儿童哭泣和难过 ‖026
想发怒时怎么办
——教导孩子掌握几点宣泄怒气的方法 ‖030
我不如人
——积极引导，别让孩子因自卑而失去光彩 ‖033
我要做个善解人意的孩子
——鼓励儿童多为他人着想 ‖036

我快抑郁了
　　——告诉儿童可以向他人倾诉内心的不快　‖039

第03章
善解人意，好性格和好修养打造儿童的好人缘　‖045

谁都需要被尊重
　　——告诉儿童要尊重别人　‖046
我不和别人计较
　　——培养儿童宽容的品质，性格豁达的孩子更受欢迎　‖050
骄傲自大惹人厌
　　——谦虚的孩子更有教养　‖055
我要经常帮助他人
　　——助人为乐的儿童更能广结善缘　‖058
我的东西才不要给别人
　　——学会给予和付出的孩子才有好人缘　‖063

第04章
礼多人不怪，讲文明、懂礼貌是儿童良好人际关系的敲门砖　‖067

讲文明懂礼貌才是好孩子
　　——说脏话的孩子不受欢迎　‖068
见到长辈要问好
　　——让儿童学会恰当地称呼他人　‖072
礼多人不怪
　　——教会儿童说些"礼貌"用语，彰显气质　‖076
我要做彬彬有礼的好孩子
　　——儿童谈吐优雅更被人喜欢　‖079
老师教导我们要懂感恩
　　——常说"谢谢"的孩子更可爱　‖083

做错事要说"对不起"
　　——教导儿童学会真诚地道歉　‖086
公共场所要自觉排队
　　——要从小教育儿童学会等待和排队　‖089

第05章
大胆交际，鼓励儿童与小伙伴友好相处　‖093

我最喜欢做游戏了
　　——在游戏互动中让孩子学习社会交往能力　‖094
大家都不喜欢我
　　——家长帮助儿童学习与小伙伴相处的四大禁忌　‖096
我就喜欢小朋友都听我的
　　——循序渐进地纠正儿童霸道的个性　‖100
有什么了不起的
　　——拔掉儿童心中"嫉妒"这颗毒瘤　‖102
我不想帮他这个忙
　　——教会儿童如何拒绝小伙伴　‖107

第06章
相亲相爱，引导儿童与家庭成员互敬互爱　‖111

好孩子要心中有他人
　　——从家庭开始引导儿童学会关心他人　‖112
可怜天下父母心
　　——引导儿童从小孝敬父母　‖116
我的家很幸福
　　——为儿童营造一个温馨有爱的家庭环境　‖119
爸妈离婚了，我该怎么办
　　——父母与儿童如何谈离婚问题　‖123

家庭氛围太压抑了
　　——无论如何不要对儿童使用冷暴力　∥126
我需要爸妈的关心
　　——让儿童知道，父母永远是爱他的　∥130
爸爸妈妈不要打压我
　　——儿童在社交中的自信来自父母的肯定　∥134

第07章
尊敬师长，师生关系对于儿童成长有着不可替代的作用　∥139

上课捣乱老师不喜欢
　　——告诉儿童遵守课堂纪律是对老师最大的尊重　∥140
老师太累了
　　——告诉儿童不要打扰老师休息　∥144
老师错了就不能说吗
　　——告诉儿童，挑老师的错也要把握分寸　∥146
上课就要有上课的规矩
　　——告诉儿童要遵守最基本的课堂礼仪　∥150
今天是教师节
　　——引导儿童教师节如何给老师送上祝福　∥153
我要和老师搞好关系
　　——告诉儿童要尊敬和爱戴老师　∥156

第08章
自信大方，培养儿童巧妙与陌生人的交往技巧　∥161

我对社交感到恐惧
　　——帮助儿童调节和矫治社交恐惧症　∥162
怎么向别人介绍我自己
　　——帮助儿童掌握出色的自我介绍技巧　∥166

跟陌生人说话我就紧张
　　——引导儿童轻松与陌生人交流　‖170
保护自己
　　——告诉儿童对陌生人要有防范之心　‖174
我不想上学
　　——对新环境的不适应导致儿童哭闹怎么办　‖179
我不喜欢这个新同桌
　　——引导儿童和新同桌友好相处　‖182

第09章
彬彬有礼，培养儿童在客人面前热情周到　‖187

我也想做小主人
　　——让孩子参与到招待客人的活动中　‖188
家里突然来客人了手忙脚乱
　　——告诉儿童接待客人先要做好准备　‖191
我很欢迎客人的到来
　　——告诉孩子用真诚和热情接待来客　‖194
宴请客人有讲究
　　——告诉儿童家庭聚餐中的礼仪细节　‖198
餐具使用有讲究
　　——告诉儿童筷子与刀叉使用中的学问　‖201
我喜欢这个小朋友
　　——如何引导孩子与小客人友好相处　‖206
让客人满意离去
　　——客人离去，教会儿童周到送客　‖210

参考文献　‖213

第01章
培养受人欢迎的孩子，优秀社交能力是儿童受用一生的财富

在成人的世界，一个人的社会交往能力如何，决定了他的人生的成功与否，其实，对于儿童也是如此。儿童成长成才的过程中，有没有社会交往能力，是他以后生存的重要方面，社会交往能力强的人更容易走向成功。随着人们生活水平的提高，现在的儿童成长和学习的环境越来越优越，儿童也有了更多与外界打交道的机会。父母要抛弃担心和成见，鼓励儿童与人交往，大力帮助并引导他们结识好的朋友，建立纯真友谊，让儿童在与小伙伴的相处中感受温暖和愉悦，在心与心的交往中丰富自己的情感世界。

为什么非要学与人打交道
——让儿童认识到社会交往能力的重要性

任何人都是社会和集体的人,都需要与人打交道,也需要朋友。其实,处于成长中的儿童也是如此。他们在很小的时候已经懂得用玩具和零食去赢得别人好感了。我们培养优秀的孩子,其中重要的方面就是培养他们的情商和人际交往能力。情商,现在越来越被人们所重视,人际交往能力在当今社会中更是起着重要的作用。

社会交往是生活中的重要方面,社会交往能力强的人更容易走向成功。如果儿童无法与同龄人友好相处,长大了也无法获得好的人际关系。独生子女若是受到家长们的溺爱,一旦到了幼儿园,就非常不适应幼儿园的环境,与小伙伴不能融洽相处。那么,社交能力对孩子有什么重要性?

4岁的璐璐是个胆小怕羞的孩子。一天她随妈妈出门,遇见了妈妈的一位朋友。妈妈与朋友攀谈起来,璐璐胆怯地躲在妈妈身后,低头吸着大拇指。妈妈说:"璐璐,这是丁阿姨,问阿姨好。"璐璐只是抬头看了阿姨一眼,就又低下头,继续吸她的手指。妈妈好言相哄,让璐璐走过来,但璐璐只是摇头。

第01章 培养受人欢迎的孩子，优秀社交能力是儿童受用一生的财富

妈妈感到尴尬，可又不好在朋友面前发作，只好向她的朋友道歉说："璐璐是个胆怯的孩子，我想她是不好意思。"

妈妈这么一说，无疑强化了璐璐的胆小怕羞。的确，生活中，有的孩子非常外向活泼，宛如一个社交小达人，而有的孩子，总是怯生生地躲在一旁，不爱和人交流。其实，儿童的社会交往能力是需要父母一步步引导而学习获得的。

随着社会的进步，父母和社会提供给儿童的成长环境越来越优越，生活内容也逐渐丰富，这使孩子有了更多在外表现的可能。可是怎样使孩子学习好、能力强，能更加顺利地融入新的团体并受人欢迎呢？在这方面，家长应该怎样给孩子提供帮助或者怎样有意识地去锻炼孩子呢？该怎么培养孩子的社会交往能力呢？家长要及早帮助儿童学会如何与人和谐相处，第一步就要让孩子认识到社会交往能力的重要性。

为此，我们需要让儿童明白以下几点：

（1）人是社会的人，人无法离群索居。每个人每天都需要与人打交道，从他人那里获得信息，学习他人的经验，都要与人沟通协调，合作完成工作，所以人际交往能力的培养是十分必要的。

（2）未来社会是一个需要分工合作的社会，这要求我们的孩子都要有很强的社会交往和活动能力。然而，今天我们的孩子都是独生子女，他们有父亲母亲、爷爷奶奶、外公外婆等亲人们宠着爱着，呵护着。他们从出生那时起就什么都不缺，恰恰缺乏与人交往、合作的机会。他们身上或多或少地有着不良

的行为习惯——不合群。

有的孩子比较自私，不让别人碰他的东西；有的孩子很霸道，总希望别人都按照他的意思去做；有的孩子很内向腼腆、不爱说话，见人就脸红、害羞腼腆等，这些不良的行为习惯将阻碍他们今后的社会活动。所以，从幼儿起就开始进行社会交往能力的培养是十分必要的。

（3）幼儿将来能否积极地适应各种环境，能否协调好与他人与集体的关系，能否勇敢地担负起社会责任，能否乐观地对待人生等，取决于幼儿期的生活积累和受教育的状况。幼儿阶段的社会性教育，从某种意义上讲，比传播知识、训练技能更为重要。

幼儿的社会性发展是指进行积极的社会交往，建立和谐的社会关系，掌握和遵守一定的行为准则及控制自身行为能力，用于适应社会的心理特征。

第01章 培养受人欢迎的孩子，优秀社交能力是儿童受用一生的财富

总之，为了孩子能够健康地成长，希望家长们平时多培养孩子的社交能力。避免社交上的"过度保护"。一些家长认为孩子还小，需要保护，但很多家长却保护过度、限制孩子与外界接触，一旦孩子与小朋友或同学间发生争执或不愉快的事情，多数家长采取袒护自己孩子而指责对方的态度，由此经常发展成家长间的争端或摩擦，但对孩子产生的却是负面作用。

"我想交个好朋友"

——鼓励儿童在周围的生活圈子中多交善友

我们都知道友谊对于一个人成长的重要性，对于儿童来说也是如此，正如爱因斯坦所说："世间最美好的东西，莫过于有几个头脑和心地都很正直的严正的朋友。"华盛顿也曾说："真正的友情，是一株成长缓慢的植物。"儿童需要朋友，尤其是当今独子生女家庭，朋友让儿童更懂得爱，也让孩子的人生路走得更平坦。

对儿童来说，结交朋友似乎是这个世界上最自然不过的事情。毕竟，他们整天待在教室里，一块儿吃午餐，一起在操场上玩耍。然而有时候孩子也需要爸爸妈妈的一点帮助，把天天见面的熟人变成自己的朋友。由于年龄相近、志趣相投、关系融洽、地位平等，同伴群体能满足儿童游戏、友谊、安全、自尊、认同等方面的需要。父母要让儿童明白，友谊是一笔宝贵的财富，要鼓励孩子在周围的生活圈子中多交善友，这会让你的孩子一生受益无穷！

6岁的瑶瑶是个长相乖巧的女孩，但实际上，她在幼儿园却并不受欢迎，她简直就是班上的"捣乱大王"：老师让小朋友们排队离开教室时，她在地板上爬来滚去地疯；小朋友们聚精会神听老师讲故事时，她不是摇一摇左边同学的肩膀，就是推一推右边的同学，不停地捣乱；游戏的时候，瑶瑶又很霸道，她喜欢的玩具就要独占，不让其他小朋友碰……

有一次，小朋友们在玩老鹰抓小鸡的游戏，一个小朋友当鸡妈妈，其他小朋友在后面当被保护的小鸡，但是当瑶瑶要站在最后玩游戏时，别的小朋友都躲开她，看着其他小朋友兴高采烈地玩游戏，坐在一边的瑶瑶显得特别孤独……

小朋友们都不愿把瑶瑶当成自己的好朋友，不邀请瑶瑶玩游戏，显然，瑶瑶成了班级团体里不受欢迎的人。因为她捣乱、淘气、霸道，小朋友都躲开她，避免被她干扰或被别的小朋友认为是属于瑶瑶一类的人。

其实，瑶瑶这样的孩子，在同伴群体里不受欢迎的地位一旦形成，几年内这种地位都难以改变。她属于性格外向、活动水平较高的一类孩子，也就是说，她比较喜欢动而很少对安静型的活动感兴趣。所以，在要求安静的活动中，她容易出现"捣乱"行为。而对于集体生活的一些规则，比如排队、保持安静等，瑶瑶接受起来有些困难，这就和他们的家庭环境和父

母的教育方式有关了。

那么，怎样做才能引导孩子交到好朋友呢？

（1）如果你的孩子还很小，经常和父母家人在一起而没有交到朋友，那么，父母应积极帮儿童寻找。比如鼓励儿童与家附近的孩子一起玩，与同事或同学的孩子一起玩。并适时和儿童讨论他们交往的情况，帮助儿童分析并做出选择。

（2）如果你的孩子已经交上了朋友，父母要及时给予肯定，比如对儿童说："真高兴你有了自己的朋友，听说你的朋友很棒，你们应该互相关心，互相帮助。"或者说："听说你交的朋友很出色，我很想见见他，你看可以吗？"

（3）要欢迎孩子的朋友到家里来。把儿童的朋友当成自己的朋友一样，采取热情欢迎的态度。当孩子来家里时，父母应

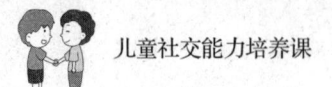

该说：“我们家来朋友啦，欢迎欢迎。”或者"真高兴我的孩子有你这样的朋友，你们能来太好了！"而且要鼓励孩子认真接待，让孩子的朋友感觉到你对他们的支持和赏识。

（4）需要注意的是，对于儿童和朋友的交往，父母也不能听之任之，使孩子陷入不当的交际圈。而是要充分利用他们喜欢交往的心理，因势利导，正确地引导和帮助他们建立纯真的友谊。

不过，父母不能因噎废食，还是要让儿童积极参加各项有益的活动，但必须得让他们知道哪些朋友是不该交的。如果你对孩子的朋友某个方面很不满意，就应该当着儿童的面严肃地说出来。

我需要小伙伴的帮忙
——培养儿童与人合作的能力

随着现代化生活的日益发展，人们彼此密切合作，共同劳动的需要也多了。特别是生活在科学技术高度发展环境里的现代人，要想有所作为，就必须善于与人合作，依靠人与人之间的友谊和信赖，从他人处得到帮助和启迪。与人合作能力的强弱，已成为当今世界人才的重要素质之一，能够与人很好地合作，是一种良好的心理品德。作为未来社会接班人的儿童也必

第01章 培养受人欢迎的孩子,优秀社交能力是儿童受用一生的财富

须要有这种认识和能力,但现在的孩子都是父母的心肝,父母常把最好的东西给他,因此,很多孩子自我意识过于强烈,不懂得分享,也不明白合作的重要性。

善于运用人际关系本来就是孩子天生的能力,我们培养孩子的重要目标,也就是要培养孩子的情商,让孩子懂得运用人际关系来获取成功的捷径。孩子从小明白合作是成功的捷径,他们就会在奋斗的过程中事半功倍。

那么如何培养孩子与人交往和合作的能力呢?家长们不妨从以下几个方面入手:

(1)积极创造条件,鼓励和支持孩子多参加各种集体活动和有益的社会活动。让孩子初步适应一定人际交往的环境。还可以通过某一有意义的活动,增强孩子的集体观念,使他们在集体活动中养成团结友爱、助人为乐的品质。对不合群的孩子,父母更应该争取各种机会,让他们参加到伙伴群中去,当子女的伙伴来家玩时,要热情接待,并给予一定的尊重和必要的礼节。

(2)鼓励孩子在平等的原则上交友。在孩子交友的过程,要教育他们信赖朋友,珍惜友谊,不要轻易地怀疑、怨恨、敌视他人,不允许无故欺侮弱者。

(3)培育孩子关心他人、爱护他人、助人为乐的高尚情操。孩子无论在学校或家庭里,都要养成这样的好品德:在家尊老爱幼,在校尊教师、爱同学。因为只有关心别人,才有可能与别人合作。

圆圆原来有个毛病，不懂得关心伙伴。那次豆豆跑步摔倒了，他站在一旁哈哈大笑。妈妈问他为何不扶起豆豆，他竟然潇洒地说："关我什么事？"妈妈决定改改他这个毛病。那天，圆圆膝盖摔破了，妈妈故意轻描淡写地说："你自己去卫生所上药。"圆圆哀求妈妈："妈妈背我去吧。"妈妈毫不心软地回敬他："关我什么事？"圆圆伤心地哭了……妈妈适时地教育他："受人奚落的滋味好受吗？"他摇头。这以后，圆圆逐渐变得懂事起来：哪个伙伴生病了，他会送去新买的动画光盘表示问候；见到大孩子欺负小孩子，他会主动站出来与其说理……圆圆的善解人意，让小伙伴们感受到安全和快乐，大家都愿意追随他。

圆圆妈妈是个有心人。当孩子在日常生活中，对周围的事物比较漠然的时候，家长一定要引起注意，这表示你的孩子可能比较冷漠，与人合作的能力不强，需要父母及时地引导。

（4）培养孩子做一个让人信赖的人。人与人之间只有互相信赖，才能互相合作。而要能够让别人信赖，就要努力使自己成为一个可以让人信赖的人。为了做到这点，父母应该教育孩子遇事先为别人着想，为人处世要讲信用，做到言必信、行必果。

（5）让孩子学会与人商量。

小明经常与伙伴发生争执，这源于他的强硬和粗鲁。比如，抢曼曼正看着的童话书；偷踩月月新买的电动车……妈妈告诉小明，伙伴之间可以交换书和玩具，但要学会和对方商量。不能蛮抢横夺。妈妈反复训练小明这样说话："我和你们

第01章 培养受人欢迎的孩子,优秀社交能力是儿童受用一生的财富

一起捉迷藏好吗?""你可以把电动车借我玩吗?"慢慢地,小明的嘴巴果真变"甜"了。一天,楼下的强强在玩四驱车,小明很想试试,就走上前去对强强说:"我想玩玩你的四驱车,保证不会弄坏。你也可以借我的一样玩具,我们交换玩好吗?"不费吹灰之力,四驱车被小明借到了手。

(6)让孩子自己解决与人交往中遇到的矛盾。当孩子达到一定年龄时,不妨让他们自己处理纠纷,大人不要越俎代庖。

(7)父母要言传身教。父母本身应该待人宽厚。对家庭成员,对邻居,对同事都要热情、平等、谦虚、礼貌,并能互相帮助。父母是孩子的第一任也是终生老师,这些生动而又直观的形象"教材"能在潜移默化中逐步移入孩子的精神世界,使他们在与人合作时,自觉地把父母的言行举止作为效仿的榜样。

父母要大胆地、积极地为他们的与人交往创造条件,培养他们与人合作的能力和意识。将来,孩子在遇到一些生活和社会难题的时候，便能借助与人合作的力量解决。另外，现代社会中独生子女的比例增加，任性、脾气大、与人合作能力差，是大多数独生子女家庭出身的孩子的心理品质上的弱点，通过人际交往和同学间的必要合作，能够改变和矫治这种不良的心理品质。当孩子具备一定的能力和品质的时候，也就具备了成功成才的条件！

我不做势利的孩子
——告诉孩子真诚是与人交往的第一原则

世事洞明皆学问，人情练达即文章。决定一个人能否成功的要素是多方面的，除了知识和能力以外，良好的做人与做事习惯也起着关键性的作用。良好的习惯能帮助一个人迅速地融入团体，最大化地发挥自身能力和借助团队的力量，从而更加容易地实现自己的目标和抱负。这就是欲做事、先做人的道理。

因此，父母从小培养孩子良好的做人和做事习惯：真诚待人，认真负责地履行对他人的承诺，拒绝做冷漠、自私、不会与人交往的小皇帝、小公主；让孩子先学会做人，再学会做事，培养出一个做事有条有理、讲求效率、善于合作的孩子，不让拖沓低效的做事习惯成为孩子成长道路上的绊脚石，就能帮助孩子播种良好习惯和品质，收获美好未来。

有这样一则故事，有一天，一位流浪汉来到一户人家前。

第01章 培养受人欢迎的孩子，优秀社交能力是儿童受用一生的财富

小女孩看到有人乞讨，将自己的零花钱拿出一点给流浪汉。妈妈看到后，非常生气，对小女孩说："你要明白，不要把东西送给他，他能给你什么？"小女孩呆愣地站在原地。

很明显，这位母亲教育女儿的方式是错误的。人与人之间，最重要的莫过于情感的连接。父母如果教育孩子带有目的性地与人交往，那么，只能把孩子教育成一个势利小人，孩子也交不到真正的朋友。

孩子要想适应社会需要，必须与时俱进，懂得与人交往的技巧。21世纪的父母，要想教育好自己的孩子，就必须树立正确的教育观念，掌握科学的教育方法。那么，父母到底该怎样培养出孩子会做人这一品质呢？

1.保护好孩子的纯真，不要用成人的标准要求孩子如何待人接物

家是孩子的第一所学校，而父母是孩子的第一任教师，我们要给孩子一个良好的生长环境。良好的家庭环境对孩子起着重要的作用，良好的家庭环境并不是指家庭经济的富有，而是指父母为子女提供良好的教育环境。父母的言行，说话的语气和面部的表情、神态，行为方式，生活作风，兴趣爱好，情感态度等都直接影响孩子。

对人慷慨、受人欢迎的父母，也容易教育出一个会做人的孩子。可在教育过程中，许多父母在这些方面不注意，以成人的思维习惯和标准去要求孩子什么能干，什么不能干，甚至告诫孩子不能无缘无故送别人礼物，要苛求回报。长此以往，必

然会扭曲了孩子与人交往的目的，扼杀了孩子之间天真的童心。

2.父母也要真诚待人，为孩子做好表率

社会上的不良风气容易污染孩子们的心灵，因此，我们在家庭教育中一定要注意诚实守信，答应了孩子的事情一定要做到，万一做不到就要向孩子解释原因。现在的父母容易犯一种所谓德育虚伪性的错误，他们要求孩子做诚实守信的人，可自己的所言所行却显得没有说服力。须知，父母的身教比言传更为直接、重要。有些父母经常会自觉不自觉地在孩子面前撒谎，却教导孩子不可以撒谎，这显然是难以收到教育效果的。

3.父母要营造人人平等和互相尊重的家庭氛围

独生子女相比于拥有兄弟姐妹的孩子更容易成为一家的中心，从小养成了唯我独尊的观念，不能与他人分享，只知"人人为我"，不知"我为人人"。为纠正其观念行为，父母就要在平时的家庭生活中着力营造和谐的家庭氛围，做到家庭成员人人平等、互相尊重、平等待人，还要在社会生活中帮助其建立良好的人际关系，尊重他人，平等待人，学会与他人分享。

4.在尊重他人方面作子女的表率

许多父母视孩子为自己的私有财产，"望子成龙""望女成凤"，对待孩子或溺爱姑息，或简单粗暴，这很容易使孩子的心理扭曲。父母首先要尊重孩子，努力创设家庭的民主氛围。同时，不能一味讲父母权威，要注意和孩子进行思想交流与情感沟通。

这些品质都是孩子成功做人的前提，家庭教育的目的首

先就是"人的教育",其次是在人的教育基础上的"人才教育",也就是父母教育孩子怎样做人,怎样成才,从而在未来社会中怎样做事。做人是第一步,会做人的孩子才能以健全的人格和完美的品质获得别人的喜爱,才能活得更加轻松、自在!

小汽车太好玩了,大家一起玩吧
——懂分享的儿童更讨喜

很多父母已经认识到社交能力的重要性,因为儿童早晚要步入社会,要在群体中生活。而与人分享,才能得到别人的信任、支持和尊重,因此,父母们希望儿童学会与人分享,养成慷慨、大方、谦让的美德。

一位妈妈在谈到自己的孩子时说:"我有两个孩子,大的是女孩,比弟弟大五岁。在他们小时候,家里条件比较差,所以我总是教育他们要勤俭节约,也基本上没有什么零花钱给孩子。可是,我在生活中总是不由自主地会偏向小儿子一些,物质方面的满足比他姐姐要好些。等他们长大后,一些弊病就出现了,女儿虽然很听话,可也有些自私,很少将自己的东西与人分享。"

无独有偶,王阿姨最近也非常苦恼,因为她发现自己的女儿越来越自私,有好吃的都霸着自己吃,自己的玩具从来都不肯和其他孩子们一起玩,幼儿园老师更向她反映说,为了争芭

儿童社交能力培养课

比娃娃,她竟然和小朋友们打架。"我真不懂,我和她爸爸对孩子都是无私的,什么都问问她要不要,但为什么她却那么自私,什么都要留给自己呢?"

事实上,在我们的生活中,有不少这样自私自利、不愿意与人分享的儿童,具体表现在:只顾自己,一切以自我为中心,尤其是在金钱和财物上特别吝啬、贪婪。自己的东西无论如何不会给别人,而又特别希望得到别人的东西。这样的孩子很难有知心朋友,其行为还会令大人厌烦。许多自私自利的孩子在外面不知道关心他人,而在家里也不知道心疼父母。尤其是当父母生病的时候,因为自己得不到好的照顾,甚至还会对生病的父母发脾气,让父母感到特别寒心。

所谓分享,是指将自己喜爱的物品、美好的情感体验及劳动成果与他人共享的过程。"分享"意味着宽容的心,意味着协同能力、交往技巧与合作精神,这些都是儿童应具备的重要素质。

第01章 培养受人欢迎的孩子,优秀社交能力是儿童受用一生的财富

在现实生活中,自私、不愿意与人分享的儿童并不少见。这虽然不是什么大毛病,但如果是一个什么都不愿与他人分享,独占意识很强的人,是很难与他人形成良好的人际关系的。所以,培养儿童与他人分享的意识很重要。为此,爸爸妈妈应该帮助儿童做到下面几点:

1.分享物质

家长可以先由物质分享入手,逐步培养儿童的分享能力。还可以借宝宝过生日,邀请小伙伴、父母的亲朋好友一起来分享生日蛋糕,让儿童在此过程中学会分享,体验分享的快乐。宝宝有了新玩具或新图书,家长可以引导儿童把好东西带到幼儿园,与同伴一起分享,让儿童懂得好东西要与人一起分享,这样才快乐。

教导儿童分享要逐步引导,不能急于求成。当儿童小的时候是不知道,也不愿意把自己的东西拿出来和别人分享的。两岁以前的小孩,一般来说是自己玩,或大人带着玩,还不能和其他小朋友一起玩。这个时期的小孩,如果他想要别人的东西,要让他学会说请。先让其他人配合,如果说请,可以给他的一般就给他。如果不可以的,就说明理由。

在两岁左右时,就可以开始教他分享了。教他和别人分享,要慢慢劝说,不能强迫。渐渐地养成他愿意分享的习惯,让他感受到,有礼貌时别人更容易接受他的请求,而分享可以让大家都玩得更高兴,同时可以交到朋友。但也要告诉他,如果不愿意带别人玩时,可以不分享。

2. 分享快乐

别人很高兴的时候，你也可以一起高兴，从而产生一种因分享而带来的快乐和满足感。

3. 分享成功

培养儿童的大气，引导儿童从小分享他人成功，这对于提高孩子的人际交往能力尤为重要。

4. 在家庭中巩固分享行为的形成

幼儿善于观察和模仿，家长的言行举止都是幼儿观察和模仿的对象。具体来说，父母可以这样做：

（1）创设环境。家中尊老爱幼，注意引导儿童从身边的小事做起。如：把新玩具分给邻居家的小朋友玩，有好吃的先分给爷爷奶奶、爸爸妈妈吃，让幼儿渐渐养成分享的习惯。

（2）故事引导。家长可以在晚饭后，或者睡觉前讲述一些有关分享和谦让的脍炙人口的故事或儿歌，让儿童从小懂得谦让，要把好东西分给大家。

（3）榜样作用。父母是孩子的第一任老师，父母的日常行为、言谈举止和情感态度随时都会对幼儿的发展产生潜移默化的影响。所以，父母要做个有心人，平时抓住一切有利时机为儿童做好行为示范。父母必须经常检查自身的言行，为幼儿做出良好的榜样。

5. 及时鼓励表扬

如果儿童分配得合理，就及时表扬强化。在小区里，家长可以引导儿童关心帮助他人，如给孤寡老人问寒送暖、给灾区

人民捐衣送物、和邻居友好相处等。家中如有小客人来了，可以请儿童来招待，把自己好玩的玩具、好看的图书拿出来与小客人分享。

父母应该采取积极的教育态度，当幼儿表现出不愿分享的行为时，家长要告诉儿童，好东西要同大家一起分享，同时在平时生活小事中不忘提醒儿童分享。

总之，家长不能对儿童的要求有求必应，而要让儿童在和别人交往中懂得分享。但要让儿童自己决定什么东西在什么时候是否分享，父母只能引导，不能强迫，要用正面教育的方法。教儿童和朋友分担痛苦，他的痛苦就会减少许多，教儿童和朋友分享快乐，他的快乐就会成倍增长。学会了分担和分享，他的生活就会充满阳光，这样的儿童才是内心健康，人格健全的，才能迎接未来社会的挑战！

第02章
友善宽容，情商是儿童社交能力培养的重要方面

我们的孩子将来会生活在一个更多变化的社会，他们将会面对职场的激烈竞争、复杂的人际关系、也免不了一生中遭遇情场失意、事业困境、生意败北……这些都会让他们产生坏情绪，而是否有稳定的情绪、情商如何，直接关系到他的人际关系好坏乃至人生是否幸福。因此，从现在起，当儿童产生坏情绪时，我们就应该采取正确科学的方法进行疏导，那么，我们该如何应对呢？在本章，我们将着力了解这一点。

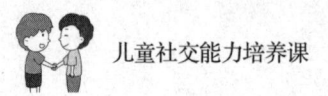
儿童社交能力培养课

人的喜怒哀乐是怎么来的
——带领儿童认识和了解情绪

豆豆妈妈是个很重视孩子教育的人,每天晚上,她都会带豆豆进行十分钟的亲子阅读活动。这天,妈妈拿出准备好的卡片,上面有很多表情,妈妈问四岁的豆豆:"宝宝,这是什么?"

"这是笑。"

"这个呢?"妈妈继续问。

"这是哭。"

……

过了会儿,豆豆好奇地问妈妈:"妈妈,人为什么会有这么多表情呢?"

"这是因为人是情绪化动物,有喜怒哀乐呀。"

听到妈妈的话,豆豆眨巴眨巴大眼睛,更迷惑了。看到女儿可爱的样子,妈妈准备耐心地为豆豆说一下人的情绪问题。

案例中的豆豆妈妈是一位教育的有心人。帮助儿童了解情绪、认识和表达自己的情绪,能让儿童更好地管理和控制自己的情绪,这样的儿童在人际交往中更讨人喜欢。

成人能了解和认识情绪,对于成长中的儿童来说,他们自

第 02 章 友善宽容，情商是儿童社交能力培养的重要方面

身也有情绪，但却无法认识和了解，我们作为父母，就应该教儿童学会调节情绪，找到科学的疏导方法。

无论成年人或儿童，不可能总是快乐无忧。我们都希望能够帮助儿童学会调节自己的情绪，使之向快乐的方向转化。相对于成人来说，儿童的喜怒哀乐通常是很真实的，往往直接支配着他的行为，无论是快乐还是悲伤，他们都会挂在脸上，而在我们成人看来，一件很小的事，可能就会引发他们强烈的情绪波动。

儿童教育学研究指出：儿童在6岁以前的情感经验对其一生都会产生一定的影响。如果孩子在这段时间内表现得暴躁易怒、情绪化、悲观失望、消极、胆怯或者孤独、焦虑，对自己不满意等，会很大程度地影响其今后的个性发展和品格培养。而且，如果孩子长时间处于压抑的负面情绪下，在他以后的人生路上，其身心健康与人际发展都会受到负面影响。

我们可以说，童年是孩子情绪发展的关键时期。而作为家长，我们在教育孩子的过程中，要培养孩子乐观地面对人生，还要教会孩子如何控制自己的情绪，帮助孩子做到情绪自我管理。

在情绪管理的过程中，觉察情绪、表达情绪，以至于利用情绪是重要的三个部分。而所谓的儿童情绪管理，顾名思义，就是要帮助孩子学会做自己情绪的主人。管理情绪包括两个方面的内容：第一是能够充分地表达自己的情绪，不压制情绪；第二是要善于克制自己的情绪，善于把握表达情绪的分寸。

所以，作为父母的你，有一项很重要的工作就是及早重视孩子的情感要求，并对孩子情绪做出正确的引导，帮助孩子认识、了解和控制自己的情绪，学会理解他人，即为孩子做好"情绪管理"，让孩子从小就拥有优质的情商。

1.作为父母，自己首先对生活要有一种乐观的态度

父母是孩子的模范，孩子的情绪受父母行为的直接影响。与孩子相处时，父母必须乐观一点。当孩子有挫折感的时候，只有积极乐观的父母才能成为他依靠、慰藉的港湾。

父母首先要学会管理自己的情绪，不将不良情绪带给家庭、带给孩子，要塑造出一种安全、温馨、平和的心理情境，用欣赏的眼光鼓励自己的孩子，让身处其中的孩子产生积极的自我认同，获得安全感，让其能自由、开放地感受和表达自己的情绪，使某些原本正常的情绪感受不因压抑而变质。

2.相信孩子，给予鼓励和支持

要让孩子喜欢自己，家庭要给孩子认同感。在教育孩子学会乐观地面对人生时，除了多与孩子交流，培养孩子的自信心外，还有一个很重要的方面，就是首先父母要相信自己的孩子，给予其鼓励和支持。更重要的是要帮助孩子进取，克服一

些他现在克服不了的困难，只有这样，才能教会孩子以正确的态度和措施保持乐观。

3.让孩子认识情绪，表达情绪

亲子沟通和对话能帮助孩子认识各种情绪，我们可以多进行语言引导，让孩子说出心里的真实感受，只有了解孩子的内心真实想法，才能找到方法。平时，父母可以在自己或他人有情绪的时候，趁机引导孩子知道"妈妈好难过哦""今天我开心极了"等，让孩子知道原来人是有那么多情绪的，还可以通过句式"妈妈很生气，因为……""我感到有点难过，是因为……"来告诉孩子自己的情绪来源，同时也可以问孩子，"你是什么感觉啊？""妈妈看见你很生气、难过，能告诉我发生了什么事吗？"等对话来引导孩子表达自己的情绪及发现自己情绪的原因，从而提高孩子对于情绪的感知程度。

4.让孩子体验情绪，洞察他人情绪

对于年纪尚小的孩子来说，游戏占据了他们大部分的时间，我们可以利用这一点，让孩子在丰富多彩的游戏活动中体验自己的情绪，感受别人的情绪，知道自己和他人的需要。除了父母要与孩子沟通和交流外，父母还能透过说故事、编故事、角色扮演，和孩子讨论故事中人物的感觉和情绪产生的原因。利用周围的人、事物，来引导孩子去感受他人的想法与情绪。从他人的情绪反应中，孩子会逐渐领悟到积极情绪能让自己和对方快乐，消极情绪会给自己和对方造成痛苦，不利于事情的解决。

5.教会孩子适当宣泄不良情绪

人在精神压抑的时候,如果不寻找机会宣泄情绪,会导致身心受到损害。在悲伤时用力压抑自己,忍住泪水是不合适的。在愤怒时,适当地宣泄是必要的,不一定要采取大发脾气的方法,可以采用其他一些较好的方法。家长不妨引导孩子采取以下方法发泄自己的情绪。比如,在孩子盛怒时,让他赶快跑到其他地方,或找个体力活来干,或者干脆让他跑一圈,这样就能把因盛怒激发出来的能量释放出来;同时,如果孩子不高兴或是遇到了挫折,你可以把他的注意力转移到其他活动上去。例如:当孩子在厨房里吵闹着要玩小刀时,妈妈可以把他带到一水池的肥皂泡面前分散他的注意。

当然,让孩子发泄自己的情绪,并不意味着家长可以忽视孩子那些不正确的行为。过激的情绪,甚至消极情绪都是生活中很平常的,但是伤害和破坏性的行为是绝对不被允许和容忍的。

我也有悲伤的权利

——允许儿童哭泣和难过

天天是个腼腆内向的孩子,他从不和小朋友争东西,哪怕是他自己的东西,只要别人要玩,他就会默默放弃,然后默默难过。

这天，天天又拿着自己的小滑板车出去玩了。其他小朋友都对天天的小车很感兴趣。天天就让小朋友玩，自己则站在旁边干巴巴地等，看着小朋友一个一个轮番上车，天天的脸上写满了无奈。

好不容易车子还回来了，可天天的手刚握住他的小车，脚还没有跨上去，又有一个小孩叫着要玩小车。这孩子的奶奶不由分说地就把孙子抱上小车，推着就走。

在旁边看着的天天妈妈气不打一处来，想自己的孩子怎么这么窝囊，自己的东西自己都玩不上。如果被"掠夺"的次数多了，天天肯定会越来越惧怕别的小朋友，这会让天天更内向。

想到这儿，妈妈直接走到天天旁边，替天天吆喝着把车子要了回来。那孩子的奶奶还嘀咕了一声："没见过你这么小气的妈。"其他小朋友一看天天妈妈在身旁，都退到了一边。

妈妈大声对天天说："瞧你这个熊样，只知道哭，自己的东西，你想玩就玩，不想玩就不玩，怎么自己的东西反而被别的孩子抢来抢去，自己都玩不上！"

天天好像有一种无形的压力，他低着头，一声不吭。虽然，后来天天玩着自己的小滑板车，可他并不开心。

很明显，这个案例中，天天妈妈的教育方法欠妥。对于天天来说，小滑车被人抢走已经很难过了，但他的妈妈并没有认识到并且重视天天的情绪，反而用言语打击天天，让无奈的天天更闷闷不乐。

人都是情绪化的动物，我们每天都会经历各种各样的事情，自然也会产生诸多不同的感受，或高兴，或欣喜，或悲伤，或愤怒，或偶尔觉得生活美满，或偶尔又觉得工作压力大。这就是情绪，它存在于每个人的心中，而且在不同时期，不同场合产生着奇妙的效果。可以说，我们的生活、学习和工作，随时都被情绪影响着。想必我们都有这样的体会：当我们心情愉悦时，你精神劲儿十足，就连平时不愿从事的烦琐的家务事也都主动着手，你看什么人都觉得顺眼，即使对方是你曾经讨厌的人；而当你心情不好时，你会食不知味，甚至夜不能寐。情绪的影响力由此可见一斑。

而对于我们的孩子来说，他们更不善于管理情绪，他们开心了就手舞足蹈，悲伤了就哭泣，对于大部分父母来说，我们更希望看到孩子开心地笑，而不"允许"孩子哭泣和难过，但其实，孩子也有悲伤的权利。

在我们眼里，儿童似乎都是无忧无虑的，但实际上，孩子正是因为单纯善良，才更情绪化，哪怕芝麻绿豆的一件小事，都能激发他们的坏情绪。在人的四大情绪中，悲伤是最容易被我们忽视的。有一些父母认为：孩子没事就喜欢哭，有什么大惊小怪的？即使孩子大哭，他们也会想：没事，一会儿就过去了。他们不知道，孩子是缺乏自我情绪调控能力的，如果孩子的心一直被悲观的情绪笼罩，不仅影响孩子的身心健康，还会对孩子以后的性格造成不利的影响，甚至还会导致孩子的懦弱、自闭、抑郁等。所以，作为父母，我们一定要对孩子的悲伤情绪重视起来，带领孩子走出悲观的阴霾，让他们重获快乐。

第02章 友善宽容，情商是儿童社交能力培养的重要方面

不得不说，教育子女，是一大学问。至今为止，尚未发现任何方式，能够比关怀和赏识更能迅速刺激孩子的想象力、创造力和智慧。孩子都是在不断的鼓励中坚定自己做事的信心的。当然，家长在鼓励孩子、带领他们走出悲伤情绪前，首先要搞清楚孩子为什么难过、悲伤，然后才能对症下药。

严格地说，孩子悲伤、难过乃至哭泣，都是他们负面情绪的一种宣泄方法，并且，随着年龄的增长和与外界接触次数的增多，引发他们悲伤的因素会越来越多，比如，人际关系、失去、挫折等，都可能他们感到难过。家长只有及早帮助孩子学会管理情绪的方法，鼓励孩子走出负面情绪、走出悲伤，让孩子体验胜任感、体验成功，才能发挥孩子的潜能，培养出积极乐观与自信的孩子，让孩子走出精彩的人生！

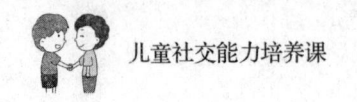

想发怒时怎么办
——教导孩子掌握几点宣泄怒气的方法

心理学专家介绍，情绪是人与生俱来的心理反应，它由4种基本情绪构成：愤怒、恐惧、悲伤、快乐。这如同绘画中红、黄、蓝三原色，其不同的组合构成人的各种情绪状态。每个人都有情绪，我们的孩子也是，他们也有自己的情绪，只是有的孩子表达的方式比较温和、有的比较强烈。父母的责任，就是教孩子学会调节情绪，找到科学的疏导方法。

在儿童的众多情绪中，就有怒气。作为父母，我们需要帮助孩子找到宣泄坏情绪的方法，而不能让孩子将坏脾气带到人际交往中，影响他们的人际关系。儿童心理学专家建议，我们可以教导孩子学会以下方法：

1.能量排泄法

对不良情绪所产生的能量可用各种办法加以排遣。例如，你可以告诉孩子，当生气和愤怒时，可以到空旷的地方去大喊几声，或者去参加一些重体力劳动，也可以进行比较剧烈的体育活动，跑两圈、踢球，把心理的能量变为体力上的能量释放出去，气也就顺些了。

俄国大文豪屠格涅夫曾告诫人们：当你暴怒的时候，在开口前把舌头在嘴里转上十圈，怒气也就减了一半。百岁老人苏局仙的经验是：一是把烦恼的事坚决丢开，不去想它；二是最好和孩子们一块儿玩一玩,他们的童真会给人带来快乐,消除烦恼;三是照一照镜子,看看自己暴怒的脸有多丑,不如笑笑。我笑,镜中也笑,苦中作它几次乐,怨恨、愁苦、恼怒也就没有了。

2.语言暗示法

达尔文说过:"人要是发脾气就等于在人类进步的阶梯上倒退了一步。愤怒是以愚蠢开始,以后悔告终。"

语言是人类特有的高级心理活动,语言暗示对人的心理乃至行为都有着奇妙的作用。当不良情绪要爆发或感到心中十分压抑的时候,可以通过语言的暗示作用,来调整和放松心理上的紧张,使不良情绪得到缓解。

当然,这对于儿童来说有一定的年龄限制,对于太小的孩子来说,可能无法理解心理暗示的具体含义与操作方法。而对于有一定知识基础的儿童,你可以告诉他:"当你将要发怒的时候,可以用语言来暗示自己:'别做蠢事,发怒是无能的表现。发怒既伤自己,又伤别人,还于事无补。'这样的自我提醒,就会使心情平静一些。"

3.环境调节法

大自然的景色,能扩大胸怀,愉悦身心,陶冶情操。你可以带领孩子到大自然中去走一走,这对于调节人的心理活动有很好的效果。你可以让孩子知道,心绪不好或感到心理压力大,郁闷不乐时,千万不要一个人关在屋子里生闷气,苦恼自己。而应该走出去,到环境优美、空气宜人的花园、郊外,甚

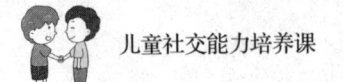

至是农村的田园小路上去走一走，舒缓一下心绪，去除一些烦恼。长期处于紧张状态的人，到大自然中去放松一下，对于保持身体健康，缓解身心紧张大有益处。

4.情绪疏导法

与其压抑情绪，不如把心中的苦恼倾诉出来。如果长时间地强行压抑不良情绪的外露，就会给人的身心健康带来伤害。特别是对性格内向的孩子，你可以引导他们倾诉自己的苦恼。

你可以告诉孩子，一些事情对于你来说，是耿耿于怀，难以气平的，而在别人却完全不了解，不体会。即便是这样，你把苦恼倒出来后，也会感到舒服和轻松。这时人家即使不发表意见，仅是静静地听你说，你也能得到很大的满足。别人的理解、关怀、同情和鼓励，更是心理上的极大安慰，尤其是遇到人生的不幸或严重的疾病，更需要别人的开导和安慰。

5.自我激励法

自我激励是人们精神活动的动力之一，也是保持心理健康的一种方法。

你可以告诉孩子，在遇到不顺心的事而想发脾气之前，要善于用坚定的信念、伟人的言行、生活中榜样、生活的哲理来安慰自己，使自己产生同痛苦作斗争的勇气和力量。

6.创造欢乐法

心绪不佳，烦恼苦闷的人，看周围一切都是暗淡的，看到高兴的事，也笑不起来。这时候如果想办法让他高兴起来，笑起来，一切烦恼就会丢到九霄云外了。笑不仅能去掉烦恼，而且可以调解精神,促进身体健康。

相信以上办法能帮助我们的孩子及时排解内心的坏情绪,能以健康、积极的心态和饱满的精神状态重新面对学习和生活!

我不如人
——积极引导,别让孩子因自卑而失去光彩

在朋友的眼中,小林是个特别自信的男孩,每当有人问起"你为什么这么自信"时,小林都要讲起小时候的故事——从小到大,父母都特别爱他,他们觉得自己的儿子是个很优秀的男子汉:小林嫌自己个子比同龄人高太多,父母说正好可以去打篮球;小林一当众说话就脸红,父母说害羞是一种美德;小林学习画画,却画得乱七八糟,父母满不在乎地笑笑说:"可你的歌唱得特别棒啊,每个人都有长处。画画你再练练,如果不行,就不画了。"小林想当记者,父母的第一反应就是:"以后准备去央视,还是凤凰卫视?"而到现在,小林已经在一家知名的文化单位找到了满意的工作,他现在是个特别自信、特别阳光、性格开朗、人缘关系好的男孩。

这里,我们看到了一个害羞的男孩在父母的教育下变得逐步自信起来。的确,人活于世,靠的就是自信。只有自信才

能让你看到人生的航向，找到前进的目标，让你找到真实的自我，也才能在人际交往中落落大方，而如果一个人缺乏自信心，他在这世上就过得昏昏沉沉，迷失自我，甚至被世界所遗忘。自古以来，那些成功者，为什么能实现自己的人生目标？因为自信！因为自信是成功人生的奠基石，自信是成功的第一秘诀。

事实上，我们孩子天生是自信的，但一些孩子在现实生活中很少成功，在家庭教育中又经常被父母批评，以至于开始变得胆小、自卑、消极。由此可见，为人父母，我们有必要关注孩子在成长过程中的情绪变化，一定要避免让孩子产生自卑情绪。

为此，作为父母，我们需要这样做：

1.尊重孩子的成长规律，不要总是拿他和其他孩子比

每个孩子的智力是不一样的，学习能力也不可能完全一样，因此，当你的儿子学习得比其他人慢时，你不能打击他："你怎么这么笨啊，你看人家半个小时能背下来，你怎么就是背不下来。"本来他努力地在学习，现在你又拿他和别的孩子

比较，这势必会给孩子造成一定的心理压力，他会认为自己真的比别人差、比别人笨，于是形成了恶性循环。其实家长需要做的是为孩子营造宽松的家庭氛围，以使孩子能够放松心态，自然地进入求知状态。

2.不要总是批评孩子

有的父母认为"棍棒之下出人才。"而事实上，那些很少受到父母表扬、总是被父母批评的孩子很容易对自己失去自信心，对自己力所能及的事都会产生退缩心理，从而慢慢地失去主动性，形成对任何事都漠不关心的态度。

3.让孩子昂首挺胸，快步行走

许多心理学家认为，人们行走的姿势、步伐与其心理状态有一定关系。懒散的姿势、缓慢的步伐是情绪低落的表现，是对自己、对工作及对别人不愉快感受的反映。步伐轻快敏捷，身姿昂首挺胸，会给人带来明朗的心境，会使自卑逃遁，自信滋生。

4.关注孩子的点滴进步

有的孩子学习成绩差，家长总是焦急甚至埋怨。要知道，孩子学习成绩的转化是需要过程的，今天的他考五十分，你不可能让他明天就考一百分。你需要有耐心，要关注孩子的点滴进步，如果他们的努力和进步被忽略，或者努力没有取得任何效果，他就会怀疑自己的能力，进而产生自卑情绪。

所以，家长要特别关注孩子的点滴进步，发现他们的闪光点，要善于纵向比较，多表扬和鼓励，让他看到自己努力的成

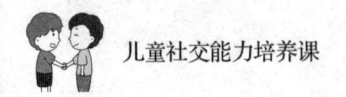

果，从而产生自信，减少挫折感。

5.鼓励孩子大胆尝试

孩子天生对外界事物充满好奇心，他们很喜欢尝试，对此，家长应给予鼓励和指导，千万不要打击孩子动手的积极性。即便是做错了，也不要训斥，要积极无条件地关注自己的孩子，鼓励和帮助他们树立自信心，排除挫折，远离无助感。

总之，作为父母，我们要明白的是，教育孩子，就是要让孩子始终拥有积极正面的能量，我们应该赞扬和鼓励孩子，让孩子远离自卑，树立自信心，这样，他们才能获得快乐、健康成长。

我要做个善解人意的孩子

——鼓励儿童多为他人着想

一位四年级的语文老师在给学生批改作文的时候，读到这样一篇文章：敬爱的王老师，希望您不要让我妈妈和我一起上学了，说句心里话，妈妈为家付出了太多太多的心思。妈妈天天有洗不完的衣服，中午哥哥回来前妈妈要把饭做好，哥哥一来吃完饭就要走，到了下午妈妈也要早点做饭，爸爸要从早上7点上班到11点才回来，妈妈还要去接爸爸，回来给爸爸做饭……我保证，我再也不调皮了……

当这位语文老师读到这里的时候,流下了心酸的泪水,孩子终于能理解家长的苦心了。原来,事情的经过是这样的:这位同学的名字叫王刚,是学校四年级一班的学生,调皮捣蛋,成绩在班上是倒数。有一次,在学校又打伤了几个同学,作为班主任的这位语文老师只好把孩子的妈妈请到了学校,并让孩子的妈妈来学校陪读、管孩子。为了能让孩子继续留校读书,从当日下午起,这位妈妈便开始了自己的"陪读"生涯,每天家里和学校来回跑,妈妈为此痛苦不堪,王刚看在眼里疼在心上。为此,他偷偷给班主任王老师写了一封信,乞求老师不要再让妈妈为自己陪读了……

从此,这名叫王刚的学生好像换了一个人,他开始认真学习,开始想对妈妈好,开始感激老师……

看完这个故事,相信不少父母也都会感叹,如果我的孩子也懂得感恩,懂得理解别人就好了。

不得不说，现实生活中，不少儿童与周围的一些人发生矛盾，都是因为不懂得换位思考。孩子在成长的过程中，独立意识不断增强，我们若希望孩子成为一个贴心、善解人意的人，就要在成长阶段对他们进行引导。具体来说，我们可以这样做：

1.让孩子学会分享

在许多人眼里，帮助他人，意味着付出，意味着对自我的克制，但助人的过程同样能带来快乐。帮孩子体会与人分享带来的快乐，他会更愿意与人分享并帮助他人。父母应尽量避免给孩子树立负面的榜样。

2.让孩子学会换位思考

孩子之所以会自我中心，是因为他不知道自己的行为会给别人带来什么样的负面影响。父母可以引导孩子站在他人的角度思考问题，学会换位思考。

有位家长这样是教育自己的孩子的："有一次，朋友给我的儿子买了一顶帽子。儿子一戴，抱怨帽子小，戴着还觉得头皮发痒，一脸的不高兴，更没有主动表示感谢之意，弄得我很生气，朋友也一脸尴尬。等朋友走后，我就问儿子：'如果你买了一个礼物送给别人，结果人家看到你送的东西一脸的不高兴，你心里会怎样想？如果对方高高兴兴地接受，并大大方方地谢谢你，你是不是会很愉快呀？'儿子知道自己做得不对了，当天就打电话给送礼物的阿姨表示感谢，并为自己的失礼道歉。后来，儿子渐渐学会换位思考，没有我们的指点，他也能独立地面对别人的好意而主动说出感谢、感激的话了。"

3.给孩子提供练习关心他人、为他人着想的机会

例如,爷爷下班回来,爸爸帮爷爷倒杯茶,就让孩子为爷爷拿拖鞋;奶奶生病了,妈妈为奶奶拿药,就让孩子为奶奶揉揉疼的地方,或者为奶奶凉凉水;自己头痛时就让他帮按摩按摩太阳穴……日子长了,孩子会学会许多他应该做的事情。再如,上街买菜时,就让孩子帮忙拿一些他能拿得动的东西,有好东西吃就他让送给家人吃,或者邻居家的孩子吃。此后,孩子每碰到类似情况,就会如法炮制,慢慢就会养成关心他人的习惯。

4.对孩子的关心他人的行为给予表扬和鼓励

例如,孩子擦桌子、扫地了,妈妈就要口头表扬孩子:"呀!宝贝长大了,知道疼妈妈了,今天能帮妈妈分担家务了";当孩子与邻居小朋友玩时,将玩具主动地让给同伴玩了,就抚摸着他的头说:"你真棒",或者给孩子一个吻等。

培养孩子为他人着想的心理品质要从细处着手,注重言传身教。当孩子变得善解人意后,不仅能更好地与人交际,也能在生活中保持更健康的心理状态。

我快抑郁了
——告诉儿童可以向他人倾诉内心的不快

在儿童和周围人相处和交往的过程中,难免发生一些不

快,让儿童陷入悲伤情绪中,此时,父母需要对其进行干预,我们可以告诉儿童,当他心情压抑的时候,不妨找个倾诉的对象。人应主动把心中的烦闷苦恼都说出来,如果长时间压抑情绪的话,就会给身心健康带来危害。我们可以选择通过向信赖的好友倾诉来排遣不良情绪。有些事情其实并不像当事者想得那么严重,然而一旦钻进牛角尖,就越想越生气,如果请旁观者指导一下,可能就会豁然开朗,茅塞顿开。

杨太太是个细心的人,她发现7岁的女儿小云最近好像有点不太一样,总是闷闷不乐。在一个周末,母女俩又来到公园跑步,停下来休息的时候,杨太太对小云说:"能跟妈妈说说你最近怎么了吗?"

"没事。"

杨太太知道女儿没有敞开心扉,于是,继续引导:"没关系,你不想说,妈妈也不逼你。但你这样一天闷闷不乐的,不仅影响学习,对自己身体也不好啊。不妨发泄一下。"

"妈妈,其实我特别想哭,真的好委屈。"小云眼眶已经湿润了。

"哭吧,你是妈妈的孩子,想哭就哭出来,在妈妈面前没什么丢人的。"

杨太太这么一说,小云真的一下子眼泪掉了下来,一边哭一边说:"妈妈,我们班有个同学,竟然在我背后说我坏话,说得很难听,我又没有对不起她。有一天,我去卫生间,结果她正和几个女生在里面嘀咕,恰好都被我听到了,为什么她要这样对我。"

"那的确是她不对，但小云，你想想，人生就是这样，无论我们做得怎么样，总有不喜欢我们的人，对吗？遇到这样不顺心的事，你应该暂时停止学习，因为这时候学习是没有效率的，心事还会郁结。不妨放松一下，这样既可以暂时转移注意力，也可以缓解大脑的缺氧状态，提高记忆力。这些方法都可以释放内心的不快。还有，你要记住，妈妈是你永远的朋友，有什么都可以告诉妈妈。不过，你始终要明白，没有一个人是绝对受欢迎的，你不必太在意个人的评价。"

"谢谢妈妈，我知道该怎么做了。"

此后，小云又和以前一样，脸上总挂着笑容，学习也有劲儿了。

的确，我们任何人，也包括我们的孩子，虽然有一定的抗压能力，但如果压力过大不加排遣、一个人闷在心里或独自受委屈，对健康不利。而心理学实践表明，把自己遇到的压力、烦恼对别人说出来，有宣泄的作用。因为与别人交谈能让他们分担你的感受，让压力得到分散。因此，在儿童成长的过程中，当他们遇到不快的事情时，可以引导儿童寻找倾诉的窗口，进而帮他们成功排解压力。

对此，我们可以这样指导儿童：

1.让儿童认识到情绪压抑的危害

你可以告诉儿童：当你有心事时，要学会和别人分享，不要自己硬扛。缺少有效的沟通，会造成很多心理疾病，比如抑

郁症、焦虑、强迫等。这些心理疾病很大一部分就来自不能释放自己的情绪，当内心的情绪被锁定在生命中无法释放时，生命的动力、创造力、智慧都被压抑在其中。

2.告诉儿童，父母是他值得信任的人

我们可以告诉儿童："当你有心事的时候，不妨和父母沟通，你就有更多的倾诉和释怀。生活中，你与父母之间的一些代沟，不仅仅是因为父母工作忙、没时间，也和拒绝沟通有关。一些儿童在遇到事情时选择独自承受，不愿意和父母分享。当你们有话不能讲、不愿讲时，距离就产生了，这是人为制造出来的距离。换个角度，如果有一天你的孩子有话不愿意对你说，你的感觉又如何呢？而且，父母毕竟是过来人，人生阅历比你深，你遇到的一些心事，也许父母能给你解决的方法。敞开心扉交谈，远比你一个人扛要好得多。"

另外，我们还可以让儿童知道，老师也是很好的倾诉对象,因为他的心事只不过是老师遇到的一个个案而已,老师能为他提供最好的解决办法。

3.鼓励儿童交几个知己好友

研究压力方面工作的心理学专家说:"女性其实是一种很需要别人支持的群体。所以,对于女性而言,强大的后备力量就显得尤为重要了。"其实,不只是女性,任何人都需要朋友,更需要知心朋友,举个很简单的例子,当你不小心把手割伤了,你一定会寻找创可贴之类的药物,而同样,当我们遇到不开心的事时,我们也会不由自主地寻找可以为我们打气的人。也就是说,我们要有几个可以掏心掏肺的知己,向他们寻求支持。

同样,我们的孩子也是,孩子有了好友,有些话不方便对父母说,就可以告诉好朋友,不至于闷在心里。

总之,儿童在遇到不开心甚至是极度难过的事后,如果背负起沉重的精神包袱,整日深居简出,羞于见同学老师,面对同学的电话或来访持抵触心理,就是在为自己制造人际隔阂,强化自己心理的脆弱。

父母应该引导儿童倾诉心中的苦恼,因为倾诉可以让心灵得到释放。你可以告诉儿童:为什么不走出去,找亲朋好友倾诉一番呢?即使痛哭一场也比一个人躲在家里自责强啊!烦恼发泄出来了,"失意"的病毒便在你心里无处藏身了。

第03章

善解人意，好性格和好修养打造儿童的好人缘

有人说，一个人最珍贵的品质莫过于善解人意，这是好修养的一种表现。父母培养儿童的社交能力，也要给儿童好的教养，这比用服装和打扮来美化他，要具备更高一层的精神境界。一个教养不好的人，很难想象他会有什么美好的未来。那么，父母该怎么样培养儿童的良好修养呢？接下来，本章会揭晓答案。

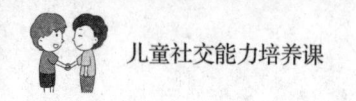

谁都需要被尊重
——告诉儿童要尊重别人

我们所说的精神文明建设中，文明礼仪是重要内容，是社会文明程度的标尺，更是一个人文化素养的体现。在家庭教育中，对孩子从小进行文明礼仪培训，对其文明礼仪的培养，具有特别重要的意义。懂文明、知礼仪的孩子往往在人际关系中更受欢迎。

在所有的礼仪中，最为基本的就是对他人的尊重。美国哲学家约翰·杜威说："人类本质里最深远的驱策力就是希望具有重要性。每一个人来到世界上都有被尊重、被关怀、被肯定的渴望，当你满足了他的要求后，他就会在被你尊重的那一个方面焕发出巨大的热情，成为你的好朋友。"

事实上，尊重别人是每个人的人生中必备的精神品质，难怪有人说："尊重生命、尊重他人也就是在尊重自己的生命，是生命进程中的伴随物，也是心理健康的一个条件。"

换句话说，我们只有教育孩子，让他们学会尊重别人，他们才有可能与人交往，建立良好的人际关系，并同样获得来自他人的尊重。

这天，午休时间，别的小朋友都睡了，然然睡不着，准备去上厕所。他正起身的时候，旁边的小浩也起身，两个人撞在了一起。可能小浩被撞疼了，他斜睨了然然一眼，怪声怪气地说："滚开。"

然然瞪大眼睛，气愤地回应："你！没长眼睛啊？"

小浩嗓门也很高："你才没长眼睛呢！"

然然更是扯着嗓子喊："你眼睛瞎了啊！"

小浩向前一步嚷："你才瞎了呢！"

两个人脸红脖子粗，谁也不肯道歉，最终动起手来，小浩冲动地把然然打得额头上起了个包。看着受伤的然然，小浩后悔不已，吓得不知道该怎么办才好。老师把他的父母请到学校来了，小浩的爸爸妈妈很通情达理，并没有指责儿子，看着委屈的儿子，他们反倒安慰起来。

"爸妈，我该怎么办呢？帮帮我吧！"

妈妈问小浩："孩子，你真的知道自己错了吗？以后再发生这样的事情，你知道该怎么做吗？"小浩忙不迭地点头。

"那你跟妈妈说说你该怎么做呢？"妈妈问小浩。

"要注意礼貌，撞到别人，要说'对不起'，而不是出口成'脏'。"小浩对妈妈说，妈妈听完，高兴地点点头。

小浩和然然之间产生矛盾并且最终大打出手，主要就是因为不懂得互相尊重。可见，是否能文明礼貌直接关系到孩子的人际关系。

要知道，一个想要得到自尊的孩子，就必须先尊重别人，

而自尊是自己争取的,而不是别人给的。家长要在儿童克服他们的以自我为中心和任性、蛮横行为的同时,也要防止矫枉过正,注意在平时的日常生活中对儿童进行正确的引导和鼓励。

现代家庭中,由于父母礼仪教育的缺失,一些孩子总是以自我为中心,他们并不懂得尊重他人,更别说关心周围的人了,甚至有时候还发生不尊重他人的行为,比如给别人起外号,看到别人出丑就嘲笑,或者看到别人倒霉就幸灾乐祸。

虽然在孩子看来,这些行为比较好玩,或者只是看个热闹,他们也并不知道他们的行为已经伤害了别人的自尊,但如果我们父母不加引导,那么孩子就很可能没有是非分辨能力,不能纠正自己的种种行为,因而也就不会尊重别人。相反,只有家长及时引导和培养,孩子的错误行为才会尽快消失,而让正确的行为取而代之。

的确,一个要想得到尊重的孩子,就必须先尊重别人。我们要告诉孩子,自尊是自己争取的,而不是别人施舍的。家长要注意观察孩子,一旦发现孩子有任性、蛮横和无礼的行为,一定要及时纠正,注意在平时的日常生活中对孩子进行正确的引导和鼓励，也要防止矫枉过正，具体来说，家长可以做到：

1.给予孩子尊重和信任

这就要求家长对孩子的感受表示理解和关心。每个人都有感情，而且有时会感到迷惑或痛苦。要努力理解孩子的感受，而不要对他们贴标签或者试图改变他们，帮助孩子感觉到自己被接受、被尊重，相信他们能够为今后面对生活中的困难做好准备。

2.帮助孩子建立起同情别人的态度

生活中，当他人遭受不被尊重的事件时，我们可以引导孩子，告诉他，如果这种情况发生在自己身上，自己会有何感受？这样，孩子就会设身处地地体会到不受别人尊重的感受，从而学会尊重他人。

3.可以把尊重别人作为家庭价值观甚至是一种制度来让孩子从小履行

这样，孩子就会把尊重当成一种习惯，即使在遇到困难和折磨时，也不会抛弃这一观念。

家庭价值观是指父母双方都遵从的，并且渗透到家庭日常生活中的价值观念，比如，尊重。家庭价值观对孩子有十分强大的影响力。但是当这些价值观念强加给孩子时，他会拒不接受，而只有家长持之以恒地言传身教，并且不断地鼓励孩子，他们才会接受。

能够对孩子的观念产生最有意义的影响的、最重要的家庭价值观是有关社会价值方面的，这种有关社会的观念关注的是人的价值和人与人之间的关系，那些懂得尊重别人的孩子往往是受了以下家庭价值观的影响：

（1）所有的人都是有价值、有意义的个体，都值得被尊重。

（2）尊重别人非常重要，我们须要关心别人，为别人作贡献，理解、接受和尊重来自不同家庭和背景的人。

（3）摩擦和冲突是不可避免的，而且可以通过友好文明的方式加以解决。

4.让孩子体会不尊重人的后果

当发现孩子有不尊重他人的行为时，家长可采取一定的措施，让他知道这样做的后果。比如，将孩子已经放在购物车的零食再放回超市货柜，终止他现在正在玩的游戏等。

不过，此处需要注意的是，千万不要当着别人的面指责孩子的行为，那样就会变成你不尊重孩子了。

总之，教育无小事。培养儿童尊重他人的这一意识，需要父母从日常生活中的细节入手，不要让儿童出言不逊、恶语伤人，失礼不道歉，无理凶三分，更不能骑车撞倒人后扬长而去，乘车争先恐后，在公共汽车上见老人或抱小孩的妇女不让座……防微杜渐，是培养儿童良好素质和社交能力的重要方法。

我不和别人计较

——培养儿童宽容的品质，性格豁达的孩子更受欢迎

在人际交往中，我们发现，那些心胸宽广的儿童更受欢

迎，他们能够处理好各种人际关系，能够很快地适应各种不同的环境，能够融洽地与人合作，充分发挥自己的潜能。因此，我们在对孩子进行社交能力培养前，先要培养孩子豁达宽容的性格。

实际上，我国古代许多伟人都很重视宽容的品质。如孔子认为，一个真正的人要有宽容、恭敬、诚信、灵敏、慷慨五德，他把宽容放在五德之首。先哲庄子认为，圣人应有包容天地，遍及天下的宽阔胸怀。近代民族英雄林则徐指出，"海纳百川，有容乃大"。一个人善于宽容，他的心胸才会像海一样宽广。今天的社会具有组织性和开放性，孩子更需要宽容的品质。在一个组织性强、生产社会化程度高的社会里，社会进步与个人事业的成功更需要人们相互合作，而合作要以宽容为基础。宽容是孩子与人交往、合作的"润滑剂"。

可以说，由于家庭教育中孩子品质教育的缺失，很多孩子并没有将宽容这一美好的品质传承下来。

辉辉是个很听话的孩子，但就是爱告状，一点儿小事就去找老师，"老师，朋朋欺负我，他刚才把我撞倒了""老师，巧巧把墨水弄到我的书上了，我的书都没法看了"等。

一天，辉辉正在玩游戏，忽然，丁丁不小心踩了他一脚。看到刚买的白球鞋上有了一个大大的黑脚印，辉辉生气地跑到丁丁的身旁，狠狠地回踩了他一脚。当老师质问辉辉为什么要这样做时，他却理直气壮地告诉老师："我妈妈说了，不能受别人的欺负，别人打我，我就要打别人。丁丁踩了我，我当然也要踩他。"

随着社会的不断发展,社会价值取向出现了多元化的趋势,人们也逐渐追求自己的个性,但在家庭教育中,我们依然要将重要的品质——心胸宽广,放在对孩子教育的首位。从案例中这个孩子的话中,我们可以发现,孩子总是在无形中接纳父母的教导和影响。宽容的品质也需要父母的细心教导。宽容心对于孩子个性品质的发展,以及良好人际关系的建立,都有着非常重要的意义。富有宽容心的孩子往往心地善良,性情温和,惹人喜爱,受人拥护。而缺乏宽容心的孩子,往往性情怪诞,易走极端,不易与人亲近。

父母要教孩子学会宽容,培养孩子宽广的胸襟,应该做到以下几点:

1.父母要心胸宽广、以身示教

家长是孩子的第一任老师,父母如何待人接物、心胸是否宽广,直接影响到孩子。父母平时要待人宽容,一些针尖大的事情,没必要斤斤计较,更不要随意发火和出口伤人,因为父母的一言一行都映射在孩子幼小的心灵上。

"我们经常教育孩子要心胸宽广,要宽以待人,对待他人要热情等。我们不但教育孩子这样做，我和他爸爸也是这样身体力行的，不然没办法给孩子做榜样。

"一次，楼上装修，卫生间防水没有做好，我发现家里卫生间居然滴水，于是上楼好心地提醒了下邻居，也没有生气。后来，邻居为了道歉，还非要请我们吃饭，现在我们成了很好的朋友。

"还有一次，我在送孩子上学的路上，被一辆自行车刮了一下。我的手很痛，骑车人不断地说对不起。我看着有些红肿的手背，只告诉骑车人要注意安全，就让他走了。孩子问我：'妈妈，你怎么让他走了？万一你的手骨折了怎么办？'我笑着对孩子说：'没关系，妈妈的手不会骨折。一会儿就会好的。叔叔也不是故意的。他已经道歉了。'"

教育家马卡连柯曾指出，父母"在开始教育自己的子女之前，首先应当检点自身行为"。父母让孩子学会宽容，首先自己应有宽容的品质。如果父母本身心胸狭窄，无视他人的意见，习惯于将自己的意志强加于人，不给人改错的机会，为一点小事争执不休，为一点小利而斤斤计较，孩子又怎么能学会宽容呢？

父母宽容、大度、遇事不斤斤计较，与邻里、同事融洽相处，孩子就会学着父母的样子处理自己与同学之间的关系，也会变得宽容、和善。

2.让孩子明白"人无完人"

父母应该让孩子明白：金无足赤，人无完人，每个人身上

都会有缺点。和同学、朋友相处，完全没有必要求全责备，应该学会求同存异。对于朋友的缺点和不足，对于同学心情不好时所说的话和所做的事，没有必要斤斤计较，要求事事都摆个公平合理。多给人一分宽容和理解，自己也会获得好心境。

3.培养孩子善待他人的意识

孩子一旦学会善待他人，就学会了宽容别人，因为孩子已经有了一颗友善的心、宽容的心。那么，自然而然孩子也就会在日常生活中宽容他人了。

父母应该让孩子明白，他人是自己的影子，善待他人，也就是善待自己。对他人多一分理解和宽容，其实就是支持和帮助自己。

4.用故事教育孩子学会宽容

讲故事是教育孩子的重要手段，国内外有体现宽容品质的小故事，父母可以借此教育孩子。通过故事还能够教会孩子站在别人的立场、角度上考虑问题，有利于孩子去理解别人的想法与行为，让孩子对别人的痛苦感同身受，激起孩子的宽容、善良之心。

5.眼界宽的人，胸怀也会宽广

父母不妨经常利用各种节假日，带孩子游览祖国的大好河山。在这一次次的游览中，孩子就能增长知识、开阔眼界，也能培养宽广的胸怀，也就很少会因为日常小事儿无谓烦恼了。

古人云，人非圣贤，孰能无过。父母要教育孩子学会宽容，和气待人，这样才能团结同学，营造一个愉快的生活和学习氛围，在以后人生的道路上才能以宽广的心胸消除许多无谓的矛盾，化干戈为玉帛，拥有良好的人际关系！

骄傲自大惹人厌
——谦虚的孩子更有教养

中国人素来以谦卑闻名。谦卑是一种智慧，是为人处世的黄金法则，懂得谦卑的人，必将得到人们的尊重，必将被人们认同和喜爱，受到世人的敬仰。一副高高在上的姿态、一副得意忘形的面孔、一副颐指气使的神情、一副专横跋扈的气势……以这种傲慢的姿态处世，迟早会失败。可见，谦逊能够克服骄矜之态，能够营造良好的人际关系，对于成长中的儿童来说，谦逊能让他们显得更有教养。

现代社会，很多孩子是独生子女，父母并没有彻底了解到对孩子教养培养的重要性。精神教育的缺乏让这些孩子很容易产生骄傲自大的情绪，而这往往阻碍了孩子在人际交往中的表现。

有个女孩大学毕业以后，对自己的前途充满了信心，因为她在学校一直都表现得很出色，而且多次获得征文比赛的大奖。她一心想到贸易公司工作，并写了许多履历表前去应聘。

其中有一家公司写了一封信给她："虽然你自认文采很

好，但是我们看了你写的简历，不客气地说，你的文章写得很差，甚至还有许多语法上的错误。"

受到打击的年轻女孩心里很不服气，"我怎么可能在履历表上出现错误呢？"但是，当她回头仔细查看了她的简历时，发现确实有些她没有察觉出来的错误，而这些错误的拼写和语法自己一直都这样用，却一直都不知道它们是错的。

于是她写了一封感谢信给这个公司，小卡片上是这样写的："谢谢贵公司给我指出我经常犯的错误。我会更加细心的。"几天后，她再次收到这家公司的信函，通知她可以上班了。

人人都喜欢谦虚的人，而不会与自以为是的人为伍。即使是在提倡"毛遂自荐"精神的今天，谦虚依然不失为一种伟大的美德。拥有谦虚精神的人如同持有一张通行证，可以畅通无阻地行走于社会，因为谦虚的人更有教养，更知礼仪。而要教育出一个谦虚的孩子，需要父母在生活中富足孩子的精神世界。那么，父母应该怎样培养一个谦虚的孩子呢？

1.不要过度夸奖孩子

父母对孩子过分的夸奖与肯定，很容易使孩子滋生骄傲情绪，认为自己是最优秀的。一旦这种骄傲情绪产生，再纠正就困难了。

当今很多孩子的父母喜欢在众人面前夸耀孩子在这方面或那方面的"与众不同"，殊不知，这样容易使孩子滋生骄傲情绪。事实上，一些潜质很好的孩子之所以没能如愿地在未来成为栋梁，正是源于他的骄傲自满、狂妄自大。

骄傲自大的孩子往往不屑于与别人交往，心胸很狭窄。他们虽能取得一定的成绩，但往往只满足于眼前取得的成绩，而且他们看不到别人的成绩。只有谦虚的孩子才有机会看清自己，看清别人，从而博采众家之长。

2.经常给孩子讲一些优秀人物的故事或者一些浅显的道理

例如，"水满则溢"的故事：一个容器若装满了水，稍一晃动，水便溢了出来。一个人若心里装满了骄傲，便再也容纳不了新知识、新经验和别人的忠言了。故古人云："满招损、谦受益。"

另外，还有爱因斯坦的故事：

爱因斯坦在科学界的成就早已家喻户晓，但即便如此，爱因斯坦依然是个谦逊的人。有一次，一位学生问他说："老师的知识那么渊博，为何还能做到学而不厌呢？"

爱因斯坦很幽默地解释道："如果我们将获得的知识比喻成为一个圆的话，那么，未知的部分就是圈外的部分，圆越大，其周长就越长，意味着未知部分就越多。而现在，我的圆比你的圆大，所以，我发现自己还未学到的知识比你多，这样一想，我还有什么资格不努力学习呢？"

当然，道理和故事最好来源于孩子周围的生活环境。同时代，同年龄的其他孩子的优秀事迹对孩子更具有激励作用。让他们知道：天外有天，人外有人。事物的优越性都是相对的，我们所拥有的，永远都微不足道，所以我们没有理由不谦虚一点。

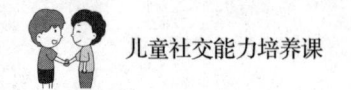

3.父母要用自身的言行影响儿童

父母自身切不可有骄傲自满的表现,因为一个尚未形成价值观、社会观的儿童极易受父母的影响。

4.为儿童创造有利于培养谦虚品质的大环境

父母可以与老师配合创造利于培养谦虚品质的学习氛围。在教育孩子谦虚的同时肯定孩子的长处,让孩子认识到只有谦虚才能使人不断进步。

交际中,谦逊既是一种姿态,也是一种风度、一种修养、一种品格、一种智慧、一种谋略、一种胸襟。一个人不管自己有多丰富的知识,取得多大的成绩,推而广之,或是有了何等显赫的地位,都要谦虚谨慎,不能自视过高。孩子也一样,谦虚的孩子更有教养,更受人欢迎。

我要经常帮助他人

——助人为乐的儿童更能广结善缘

乐于助人是中华民族的传统美德,是一个人良好道德水准的重要表现,而这一美好的品质,需要父母从小培养。现在的孩子都是家庭中的"小皇帝""小公主",是全家的宠儿和期望。家长们真是"放在一边怕凉着,搂在怀里怕热着",害怕自己的孩子受苦、受委屈、受挫折。家长都有这样的心理:

第03章 善解人意，好性格和好修养打造儿童的好人缘

"我们小的时候条件不好，现在条件好了，孩子需要什么我们都满足他。"孩子在家中随时随地都处于被照顾的地位。他们很少有机会去关心、照顾别人，甚至他们很少想到别人，除非他们需要别人帮助。这一切看来是自然的，顺理成章的。然而，这对孩子的成长都是十分不利的，它不利于孩子优良品格的形成；不利于孩子长大进入社会与人共处，它会妨碍一个人学习、事业上的成功。

事实上，儿童通常比成人更有爱心。作为父母，我们要维护并发扬儿童纯洁的爱心、善心、良心，因为这是使儿童任何时候面对任何人都能堂堂正正的根本。其中，助人为乐的精神也是父母应该培养儿童所拥有的，是需要父母用一份恰当的爱哺育出来的。

"我的两个女儿，一个7岁，一个12岁，为了教她们懂得和不幸的人分享，我在厨房里放了一个大篮子来提醒她们。我们在里面放满容易保存的各种食物，然后捐献给镇上的紧急救助中心。每次我和孩子们去购物，我们都会额外买些东西好放进篮子里，等篮子装满的时候，我就和孩子们把一篮子的食物送到紧急救助中心。然后，我们再重新开始为篮子里添食物。"

孩子爱帮助人，爱做好事，这是人类本性中的善良所致，应当弘扬。但是现实生活中，由于很多父母对人生的误解，他们所表现出的自私心理和功利主义，对成长中的儿童极易造成不良的影响。

乐于助人是一种高尚的品质。对于一个年幼的孩子来说，

他们也许尚无明确的认识，不懂得它的社会意义。可是他们都极富同情心，这是培养他们乐于助人精神的基础。家长可从以下几个方面做起：

1.培养孩子乐于助人，可从培养他们关心别人入手

例如，父母要有意识地让孩子从幼儿园回家后，先去问问生病的奶奶好些了吗。妈妈下班回来，让孩子去问问妈妈累吗。爸爸出门办事，妈妈让孩子去代说一句"路上骑车要小心。"

2.培养孩子乐于助人，要从小事做起

要给孩子机会，让他去帮助别人。培养孩子对周围人、事与情感的敏锐，并让他们去尝试自己所学到的。例如，哥哥或弟弟不舒服，让他去照顾，从经验的累积中会使他了解什么是"帮助"。在幼儿园，应教育孩子关心帮助别的小朋友，当小朋友摔倒了，要主动扶起来，并加以安慰。在这种举动中，孩子将会体验到帮助别人的快乐。再如，妈妈蹲着洗菜，爸爸就可以启发孩子注意到，并让他送去小板凳；奶奶生病卧床，妈妈让孩子给奶奶递水、送药。走在路上，看到老人手中的报纸或其他较小的东西掉在地上，让孩子帮助拾起。

3.教孩子乐于助人，还要注意启发孩子的同情心

孩子的行为绝大多数是由感情冲动引起的，而且行为过程带有很浓的感情色彩。那么，在让孩子做某件事情时，最好从启发他的情感入手。例如，你看那位老爷爷弯腰多吃力呀！赶快帮助他把报纸捡起来吧！这比"你应该帮助老人"的效果好得多。

4.培养孩子乐于助人,还有赖于父母的榜样作用

家长是孩子第一个模仿的对象,家长一定要以身作则。鲁迅先生曾尖锐地指出:"父母不仅可以把自己的优秀品质传给后代,其恶劣性,不良性格,不好的生活习惯也会潜移默化地影响孩子。"孩子是父母的一面镜子,家长的行为,常在孩子身上反映出来。因此,家庭成员间互相关心,邻里间的互相帮助等,都能直接地教育孩子。当家长在接受了别人的帮助以后,及时地对别人说声谢谢;在收到礼物的时候,邀请孩子和自己一起写感谢卡等。有了大人的示范,再遇到类似的情形时,孩子自然而然就会模仿大人的做法。

5.家长对孩子的行为持何种态度,也是起重要作用的

对于孩子热心帮助他人的做法,家长要予以肯定、支持。万万不可教育孩子"少管闲事",甚至指责孩子的帮助行为。要知道,家长的态度时时影响着孩子,塑造着孩子的未来。家长在启发、支持、赞赏孩子助人为乐行为时,还可逐渐地向孩子讲明为什么要这样做,帮助孩子提高认识,逐渐形成较为明

确的行为标准，亦即提高孩子的道德认识。

如果孩子看见别人有困难，比如摔倒了，生病了等，父母都应该趁机对孩子进行正确引导，然后与孩子一起帮助别人，让他体验帮助人的感觉与快乐，帮助孩子增添一种良好的品德，帮助他们形成"利社会"的自我形象。毕竟，一个乐于助人的人不是"自私鬼"，一个乐于助人的人能获得社会更高的评价！

还有，父母要参与到助人为乐的活动中来，给你的孩子一个榜样作用。

在生活中，父母的行动是儿童的一面镜子。父母以身作则，为儿童作榜样，孩子耳濡目染，日久天长也会养成自己的行为习惯。例如，邻里之间互相关照；帮助孤寡老人的生活；心系灾区灾民，为灾区捐款捐物；单位同事遇到困难时给予帮助和关照；哪怕在公共汽车上给人让个座，这种教育的作用是潜移默化的，将会收到润物细无声的效果。

助人为乐是一个人思想境界的行为体现，是一种精神的升华，有名言说得好：关心他人，竭尽全力去帮助别人，会使人变得慷慨；关心别人的痛苦和不幸，设法去帮助别人减轻或消除痛苦和不幸，会使人变得高尚；时常为他人着想，会丰富自己的生活，增加自己的涵养。做父母的不仅承担着教育儿童、成就学业的责任，还担负着传承中华文明、培养健全人格的重任，教育和帮助儿童助人为乐，每一个家庭都担负着义不容辞的责任！

我的东西才不要给别人

——学会给予和付出的孩子才有好人缘

当前社会，很多儿童都是家庭中的独生子女，长辈们把所有的心血都放在自家的独苗身上。我们经常可以看到这样的情形：吃饭的时候，孩子在前面跑，大人拿着饭碗在后面追，真是你追我赶，连骗带哄，好不容易才喂上一口。或者是孩子在玩玩具，家长站在旁边一口一口地送到他嘴里。其实这种过度的照顾、过分的关心和保护，养成了孩子只知享受，不知分享和付出、唯我独尊的心理。家长在爱孩子的同时，应该向孩子提出适当的要求，那就是主动地给予，给予爱，学会爱别人，学会付出。

每个孩子都是家庭的未来，他就像一张无字无画的纸，交在父母手中，为父为母的责任就是要在这张白纸上添色加彩，使之鲜活，充满生命，并且拥有一个健康的人格，而不能让孩子做一个"自私鬼"。自私的孩子在家里只知道向大人索取，不知道帮大人分忧，走向社会后也会只想让人家照顾他，不知道主动去关心照顾人家，一旦自己的愿望得不到满足，就会无比气愤甚至于走向极端。这样的人，从个体来讲是不受社会欢迎的，从群体来讲则会缺乏沟通、缺乏谦让，最终势必不利于整个社会的和谐和发展。

诚然，爱孩子是父母的天性，但对孩子过分的溺爱和迁

就却是害孩子,苏联教育学家马卡连柯曾经指出:"一切都让给孩子,牺牲一切,甚至牺牲自己的幸福,这是父母所给予孩子的最可怕的礼物。"因此我们家长对孩子正确的言行和合理的要求应该给予支持和鼓励,对不正确的言行要求不但不能满足,还应耐心进行说服教育,使孩子懂得做人的道理,这才是真正的爱孩子。

要让孩子学会主动地给予,就要让孩子经历生活的磨炼,懂得索取和付出是相伴相依的,懂得主动给予别人才是立世之本。那么,家长应该怎样让孩子学会给予呢?

1.给儿童树立榜样

孩子是在模仿中学习做人,学会做人的。成人是他们模仿的主要目标。良好的情感和行为一定会给孩子以潜移默化的影响。

2.养成儿童与人分享的习惯

养成孩子与人分享的习惯,是培养孩子主动给予的一个重要方面,愿意付出物质的孩子也就能明白给予的第一步。

不愿把自己的东西给别人,这是小孩子正常的表现。只有孩子在逐渐学会关心和爱护他人之后,才会逐渐变得慷慨起来。追根溯源,培养孩子的慷慨行为,要从让孩子学会关心他人做起。此外,要想让孩子有慷慨的表示,可以给孩子买两件相同或相似的玩具,在他玩过一段时间以后,可以主动征求他的意见,"你有两个同样的玩具,隔壁的孩子一个都没有,咱们送他一个好不好?这样妈妈会很高兴。"在孩子高兴的时候提出这种建议,孩子往往乐于接受。一旦孩子表现慷慨,就要给他积极的反应。但不能以许诺给孩子什么东西为条件,否则孩子的行为只是交换报酬,而不是慷慨。注意这些指导的时机和方式,孩子就会逐渐变得慷慨起来。

3.增强儿童对爱心情感的认识

在平时的日常生活中,我们应注意引导孩子观察别人什么时候难过,什么时候需要自己的帮助。比如,别人摔倒了,我们不应该站在旁边看,而应该把他扶起来,并帮助他拍掉身上的泥土,问他疼不疼。父母要引导幼儿主动关注困难者,帮助别人。

4.让儿童体验爱,教育孩子学会给予爱

我们让孩子学会给予,最终目的就在于此,我们在爱孩子的同时,也要让孩子感受到爱并学会付出爱,有了对爱心的认识以后,必须采取行动。行动是关键的一步,父母应教给孩子相应积极方式。例如,小伙伴生病了,应该去看望他;小弟弟摔倒了,看到了就要扶起来。

当孩子有了爱心行动时,父母应该给予赞扬和认可,强化孩子良好的情感和行为。但对于一些年纪尚小的儿童来说,他们的行为比较单一,对于他人的同情表现出的往往也是单一的行为。例如,看到一个小朋友哭了,好几个小朋友主动掏出小手帕为他擦眼泪,反而弄得那个小朋友不知所措,不知该如何做才好。针对以上这种情况,父母可以引导孩子用别的方式表示对摔倒同伴的关心与帮助,如为他掸土,为他搬小椅子,询问疼不疼,给他揉揉等。

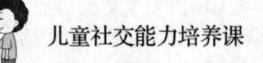

总之，在平时，家长应有意识地去引导教育孩子，爱孩子应爱得理智。在孩子幼小的心灵里埋下爱的种子，孩子就会主动地关心别人，并能主动给予。这对于孩子的人格发展很有必要，也不能忽视！

第04章
礼多人不怪，讲文明、懂礼貌是儿童良好人际关系的敲门砖

语言是思想的衣裳，中国素来是礼仪之邦，日常生活中，我们都对谈吐优雅、彬彬有礼的人更有好感。哈佛大学前任校长伊立特说过："在造就一个有教养的人的教育中，有一种训练是必不可少的，那就是，优美而文雅的谈吐。"由此可见谈吐在社会生活中的重要性。因此，在儿童成长的过程中，我们也要引导儿童多注意修饰自己的谈吐，培养出彬彬有礼的好孩子。

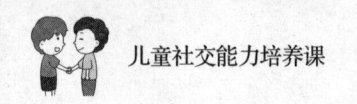

讲文明懂礼貌才是好孩子
——说脏话的孩子不受欢迎

作为父母,我们在儿童还小时,可能经常会嘱咐他要文明礼貌,不能讲脏话,但是随着孩子年纪的增长,逐渐忽视了儿童的这一教育,转而把眼光都放在了孩子的学习上。而事实上,儿童是需要全面发展的,这也是素质教育的宗旨。要知道,一个满嘴脏话的人,无论是生活、工作还是学习中,都无法获得他人的尊重和友好协作,也不易获得友谊和自信,因此往往缺乏幸福感。要想使儿童成长为有所作为的人,父母就应教孩子从小懂礼貌、讲文明。

如果你的孩子总是说脏话,那么,你需要从以下几个方面来引导他,并订立规矩:

1.以身作则,杜绝孩子学习脏话的来源

我们先来看看下面的案例:

最近,出差了一个月后归来的妈妈发现4岁的儿子开始说一些奇怪的话。比如,这天看动画片时,儿子突然说:"我靠,这狼真傻。"起初,妈妈不以为意,心想,可能是孩子在语言敏感期,并不懂这些词语的含义。

第04章 礼多人不怪,讲文明、懂礼貌是儿童良好人际关系的敲门砖

但有一天,奶奶带着儿子从外面遛弯回来。进门后,儿子蹦出一句:"妈的,今天真热。"妈妈愣了愣神,对儿子说:"小孩子说脏话多不礼貌,说,谁教的?"妈妈有点儿生气了,大声吼了儿子,此时,奶奶赶紧说:"孩子就说一点口头禅怎么了,至于发这么大火吗?"此刻,妈妈突然明白了,孩子应该是在奶奶从老家来的这一个月,经过耳濡目染,学会了说脏话。果然,儿子奶声奶气地说:"奶奶今天跟人吵架,说……"

这则案例中,小男孩之所以学会了说脏话,是受到奶奶的影响。成长期的儿童的模仿和学习能力很强,成人如果说话不文明礼貌,儿童也会效仿。但是,是否能文明礼貌直接关系到儿童的人际关系好坏,爱讲脏话的儿童是不受人欢迎的。

生活中,大人有时也会语出不雅,但都习以为常。而脏话从孩子嘴里说出来,就特别刺耳,要是他们在大庭广众冒出些脏话,父母更是想找个地洞钻下去。其实,家长也应该拒绝脏话。例如,家长可以在家里建立互相监督的制度,如果父母不小心在孩子面前说了不文明的词句时,一定要向孩子承认错误,以加深他不能说脏话的印象。

2.让儿童明白说脏话是不对的

儿童很可能并不知道脏话的内容和含义,家长应帮助他们认识和了解。因此,父母在听到自己的孩子说脏话时,不要显得惊慌失措,也不要气急败坏地责骂,更不能置之不理,要冷静,蹲下来,严肃而不凶悍,以和缓的语气和孩子说话。例如:

"这是大人说的,你是孩子,不能说这个词语,知道吗?"

"孩子，你刚才说的那句话，用的词汇很不好，你知道我说的是哪个词汇吗？"

"使用这样的词汇会被人轻视，你愿意让别人看不起吗？"

"那么，你应该怎么说？说给妈妈听。"

"对啦！这样说才是好孩子。"

家长最难做到的就是"不生气"。你生气，孩子就听不进你说的话了。而另外一些家长则喜欢和孩子说大道理，让孩子不耐烦，反而失去教育的功效。

3.儿童说脏话，不要有强烈反应

孩子说脏话，多半是模仿、好玩，是为了显示他的某种本事。碰到这种情况，您千万别笑，更不要流露出惊奇的神色，有时严厉的训斥也是无济于事的，因为这些反而会强化他的行为。其实，孩子并不一定知道脏话的含义，主要是为了得到父母的反应或注意。孩子从小伙伴那儿学了几句骂人的话，在家和学校中一边说，一边开心地大笑。这时，我们心里挺恼火，但也要强忍着不显示出任何兴趣。我想只有这样，孩子才会觉得索然无味。久而久之，那些不好听的字眼或脏话就会逐渐被忘掉而消失。当然，也可以寻找比较恰当的时机，告诉孩子，"说脏话很难听，只有坏人和不学好的人才讲脏话。"在日常生活中，孩子有时能用自己的语言来赞赏或描述他喜欢的人和事，这时，我们一定要及时鼓励表扬，让他感觉到使用美的语言是令人愉快的。

4.训练儿童变化一种语言方式来表达自己的情绪,杜绝说"脏话"

例如,"×××,你说话像放屁,昨天说今天还我钱,怎么不还?"

告诉孩子可以这么说:"你昨天说今天还我钱——昨天是四月一日吗?"

如果对方知道四月一日是愚人节,立刻就明白男孩的意思了。

当然,孩子还小,"幽默"需要较高的认知水平,但也不妨试一试,让孩子有个努力的目标,就不会再去说脏话了。

5.多陪伴儿童,给他们积极的情绪体验

许多父母常常会在工作繁忙时忽略了孩子,没有和孩子保持互动,这样,孩子以为父母亲不爱他,便会故意说脏话来引起注意。所以,要防止孩子养成说脏话的习惯,最有效的办法就是:每天至少给孩子半小时。这半小时,说说笑话、玩玩小游戏、一同读故事书,或者谈谈天。总之,做什么都好,让孩子感受到亲子相处的愉快,就不会染上说脏话的坏习惯了。

总之,满嘴脏话是一种不良的行为习惯,是失礼、不懂得尊重他人的表现。儿童爱讲脏话,在人际交往之中就会产生许多摩擦,也会失去许多朋友和机会。父母在关心儿童成绩的同时,决不可忽视这一点。

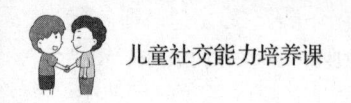

见到长辈要问好
——让儿童学会恰当地称呼他人

中国历来是一个礼仪之邦，对不同的人用适当的"称呼"是被大众认可的一种重要礼仪。称呼指的是人们在日常交往应酬之中，所采用的彼此之间的称谓语。交际通常自称呼而始，不妥当的称呼很容易让他人产生反感，甚至嫉恨在心久久无法释怀。

生活中，我们经常可以发现这样一些人，他们不谙世事，应酬场合，与人初次见面，就直入主题："我今天来，是为了……"这样的开场白通常令对方感到不舒服，而你若使用恰到好处的尊称和敬语："赵先生，您好，打扰您了……"，对方就比较舒服。

在家庭教育中，正确使用称呼是对每个儿童最起码的要求，是让儿童学会尊重他人的前提。作为父母，我们在对儿童进行礼仪教育时，也要告诉孩子懂得恰当地称呼他人。我们先来看下面一个故事：

从前，有个年轻人骑马赶路，眼看暮色降临，但是所处的地方，前不着村，后不着店，心里很是着急。

正当年轻人怔愣之际，有个老头路过。年轻人骑在马上对老人大喊："老头儿，这儿离客店还有多远啊？"老汉回答："五里。"年轻人策马而去。

第04章 礼多人不怪,讲文明、懂礼貌是儿童良好人际关系的敲门砖

但年轻人跑了十几里也没有老人说的客店,正在他暗暗骂着那老汉时,却突然省悟:哪是"五里"呀,分明是"无礼"!

老汉在责怪他不讲礼貌!意识到这一点,他马上掉头往回赶,见着那老汉就翻身下马,叫了声"大爷",没等他说完,老汉就说:"客店早已过了,你要不嫌弃的话,就到寒舍借宿一宿吧。"

青年人问路,一开始开口不逊,直呼"老头儿",让老人很反感,因此白跑了十几里路;而当他省悟有"礼"时,老人不等他再说,就留他住宿,解他一时之困。由此可见交往中合乎礼仪的称呼的重要性。

在人际交往中,选择正确、适当的称呼,反映着自身的教养、对对方尊敬的程度,甚至还体现着双方关系发展所达到的程度和社会的风尚,因此对它不能疏忽大意、随便乱用。

作为父母,我们要从以下几个方面让儿童掌握有关称呼的基本礼仪:

1.要合乎常规

常规称呼,即人们平时约定俗成的较为规范的称呼。但合乎常规的称呼,也是有一定的条件限制的。比如,在中国,晚辈不可直呼长辈的名字;而在欧美国家里,孩子直呼父母的名字是很正常的。

我们要告诉孩子:要礼貌地称呼他人,对年长者要称爷爷奶奶、叔叔阿姨等,对同龄人中的年长者要称呼哥哥姐姐,相反则称弟弟妹妹。如果称呼错了,应及时向对方表示歉意并改正。

2.要照顾被称呼者的个人习惯

人和人是不一样的,有的时候人们称呼上的习惯也不一样。

3.要入乡随俗

我们在使用称呼的时候,还要考虑入乡随俗的问题。千里不同风,百里不同俗,千里不同国。倘若习俗不一样,称呼往往不大一样。

4.要区分具体场合

在称呼的具体使用过程中,一定要区分场合。在不同的场合,应该采用不同的称呼,在党和政府内部,大家通常互称同志。但是在国际交往中,面对外国友人的时候,就不能称呼人家同志了吧,而应该称呼人家为主席、总理、部长等,以示场合有别、身份有别。称呼,实际上是表示身份有别的一种常规做法。

我们要在生活中根据时间、节庆、场合等,引导孩子适当选用称呼加问候的形式向父母、长辈致意。比如早起时说

第04章 礼多人不怪，讲文明、懂礼貌是儿童良好人际关系的敲门砖

"爸爸妈妈，早上好！"新年遇到邻居时说"叔叔阿姨，新年好！"态度要亲切诚恳，称呼时声音不要太响、太生硬。

5.不要给其他同学起绰号

朋友或同学之间可以称呼姓名或者称呼"名"，这样会显得有礼又亲切。"喂""嘿"这样的称呼常常会让人反感，更不能用"绰号"和"外号"代替称呼，这样会影响朋友感情和同学关系。

在称呼他人的时候，这四条规则都很重要：遵守常规、区分场合、入乡随俗、尊重习惯。所有这一切，都是建立于尊重被称呼者的基础上的。

平时，我们所常用的称呼方式都有哪些呢？我们在一般性的交际场合里所使用的通常都是常规性称呼。此类称呼，大体上共有以下五种。

第一，行政职务。例如，"李校长""××局长""何总经理""刘董事长"等，这些都是我们所称的行政职务，即官衔。

第二，技术职称。称技术职称，说明被称呼者是该领域内的权威人士，暗示他在这个方面是有一定造诣的人。比如，"李教授""王会计师"等，就是技术职称。

第三，学术头衔。这个跟技术职称不太一样，它实际上是一个技术含量较高的头衔，如"金院士"。这类称呼，实际上是表示他们在学术方面的地位如何，涉及其学术水平和学术水准的问题。

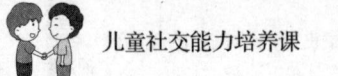

第四，行业称呼。和外人打交道的时候，如果你知道对方是什么级别的话，你就可以此去称呼对方。不知道的话，那就得使用行业称呼了，如"解放军同志""警察先生""医生""护士小姐"等。这些都是行业称呼，是我们平常使用得比较多的一类称呼。

第五，泛尊称。泛尊称，更适合在与陌生人打交道的情况下使用。例如，称未婚女性，可以叫"小姐"；称已婚女性的话，就可以叫"夫人"，也可以叫"太太"；称呼男士的话，可以叫"先生"；不分男女的话，可以叫"同志"。从某种意义上来讲，除了性别差异外，它们都可以以不变应万变。我们称这类称呼为泛尊称。

总之，在日常生活中，我们父母要让儿童明白，在称呼他人应时当亲切、自然、准确、合理，不可肆意为之，大而化之。

礼多人不怪

——教会儿童说些"礼貌"用语，彰显气质

文明礼貌是中华民族的优秀传统，是人们在日常人际交往中应当共同遵守的道德准则。在我们的孩子与人的互相交往中，和悦的语气、亲切的称呼、诚挚的态度等，都会使得孩子显得更加友好、尊重别人，俗话说："良言一句三冬暖，恶语伤人六月寒。"文明的谈吐和行为是孩子具有良好修养的表现，讲文明礼貌能促进孩子和别人之间的团结友爱，是沟通孩子与他人之间情感的道德桥梁。

因此，我们在日常生活中，尤其在语言习惯上，要让儿童学会掌握一些礼貌用语，而使用礼貌用语时要文明雅致、措辞恳切、热情真挚、口气和蔼、面带微笑。父母可以教给孩子的礼貌用语有这些：

1.欢迎语

在接待来访宾客时要使用的语言，如"欢迎您""欢迎各位光临""见到您很高兴"等。

2.征询语

在交往中，尤其是在接待的过程中，应经常地、恰当地使用一些征询的语句，诸如"我能为您做什么？""请问，您找谁？""请问您需要什么帮忙吗？"等，这样会使他人感觉受到尊重。

3.请托语

顾名思义，就是我们向他人提出某种请求或者希望获得他人帮助时使用的语言。对此，我们一定要"请"字当先，而且态度语气要诚恳，不要低声下气，更不要趾高气扬。常用的请托语有"劳驾""借过""有劳您""让您费心了"等。

4.赞美语

赞美语是指向他人表示称赞时使用的用语。常用的赞美语有"很好""不错""太棒了""真了不起""真漂亮"等。

在交往中，我们要细心观察，善于发现他人的优点和长处，并加以赞美，这样做不仅能拉近彼此间的距离，还能体现我们的友好，有利于获得他人的好感。

当然，面对他人的赞美，也应做出积极、恰当的反应。例如，"谢谢您的鼓励""多亏了你""您过奖了""你也不错嘛"等。

5.致歉语

在日常交往中，人们有时难免会因为某种原因影响或打扰了别人，当自己失礼、失约、失陪、失手时，应及时、主动、真心地向对方表示歉意。常用的致歉语有"对不起""请原谅""很抱歉""失礼了""不好意思，让您久等了"等。当你不好意思当面致歉时，还可以通过电话、手机短信等其他方式来表达歉意。

6.拒绝语

是指当我们在面对别人请求，但不得不拒绝时，采用婉转的词语加以暗示，使对方意会的语言。在人际交往中，当对方提出问题或要求，不好向对方回答"行"或"不行"时，可以用一些推脱的语言来拒绝。例如，当别人求助我们做一件事，而我们能力有限，无法办到时，你就可以这样拒绝："很抱歉，我很想帮你，但是……"

7.告别语

告别语可能显得有点客套，但却不失礼仪。与人告别时神情应友善温和，语言要有分寸，具有委婉谦恭的特点。例如，"再次感谢您的光临，欢迎您再来！""非常高兴认识你，希望以后多联系。""十分感谢，咱们后会有期。"等。

俗话说，"一句话能把人说跳，一句话也能把人说笑。"作为父母，我们要明白，让孩子懂得礼仪，让孩子学会得体地说"礼貌话"，是帮助孩子接通情感的热线、使交际畅通无阻的重要前提。

我要做彬彬有礼的好孩子

——儿童谈吐优雅更被人喜欢

作为父母，我们给予孩子的，不仅是生命，还有人格力量、品质、修养等部分，一个出色的孩子，必当有着良好的修养，而这与良好的家庭教育是分不开的。正如塞德兹说过：

"人如同陶瓷器一样,小时候形成一生的雏形,幼儿时期就好比制造陶瓷器的黏土,给予什么样的教育就会形成什么样的雏形。"每个成长期的儿童,都希望自己能被其他小伙伴喜欢,而要做到这一点,儿童就必须拥有优雅的谈吐。

一个谈吐优雅的儿童,能做到待人接物彬彬有礼、不卑不亢;谈吐优雅的儿童,经常会将诸如"请"和"谢谢"这样的礼貌用语挂在嘴边;谈吐优雅的儿童,餐桌上行为得体;谈吐优雅的儿童,不和父母顶嘴,不打断别人说话;谈吐优雅的儿童,随时随地体贴照顾他人,尊敬和关心他人……举止优雅将会为儿童带来无穷的魅力。

但在现实生活中,由于家庭教育中修养教育的缺乏,很多儿童在谈吐上没有形成一种很好的习惯,这让很多父母很是头疼。

例如,一位妈妈在谈到自己的女儿时表现出深深的忧愁:"人家小姑娘穿得干干净净,说话甜甜的,很讨人喜欢,但我女儿就是个'皮大王',说话大喊大叫,把玩具弄得'身首异处'，喜欢和男孩子在一起疯，小裙子上总是脏兮兮的。我怎样才能培养出一个谈吐优雅的小淑女呢？"

如果一个孩子谈吐上毫无顾忌，处处淘气，这的确是让父母感到头疼的一件事情。如果父母顺其自然，那儿童势必会在行为举止上缺乏教养；如果父母严加管束，又极有可能会扼杀孩子的天性。

那么，身为父母，我们究竟应当怎样去约束儿童不当的说话方式，一点一滴地培养起孩子优雅的谈吐呢？

第一，作为父母，应该以一个有修养、谈吐优雅的形象来给儿童一个示范。孩子是父母一面镜子，所以，培养儿童优雅的谈吐，更需要父母言传身教。

一位妈妈这样写道："别以为小孩什么事情都不懂，她可都看在眼里呢！有一次她冲我发脾气，我就说她：'小姑娘不可以这么大声说话'，结果就听到她小声嘟囔：'妈妈和爸爸不开心的时候也这么大声说话的。'听到女儿这么说，从那以后，我尽量克制自己的急性子，暗自发誓要给她树立一个优雅妈妈的好榜样。"

无数事实证明，父母的一言一行对儿童的影响是巨大的，如果父母说话大嗓门，那孩子讲话也必然不能细声细语；父母说话无所顾忌，孩子自然也会大大咧咧……所以要想培养出儿童优雅的谈吐，父母先需要提升自己的语言修养。

第二，告诉儿童谈吐优雅的标准。在日常生活中，父母们不妨参照以下标准，对儿童提出合理正确的要求：

（1）父母要教育儿童，与人谈话的时候，要表现出对他人的尊重、理解和善意，要面带自然的微笑，千万不要出现随便剔牙、掏耳、挖鼻、搔痒、抠脚等不良习惯动作。

（2）在言谈措辞上，父母要让儿童养成使用文明礼貌用语的好习惯，如经常说"您好""谢谢""请""对不起""没关系"等。父母还应告诉儿童，沉默寡言、啰唆、重复都是不正确的语言表达方式。需要注意的是，父母向儿童讲解优雅举止的标准时，不要用教训命令的口吻，而是要循循善诱、谆谆教导。当谈吐优雅成为儿童一种不自觉的习惯，孩子卓尔不凡的气质也就形成了。

第三，父母要多提示和表扬儿童。儿童的一些错误的语言往往出于考虑少，而不是有意冒犯。如果父母此时严厉斥责，往往会使儿童产生反感和抵触情绪。因此，想让儿童变得谈吐优雅，最好的方式就是提示和表扬。

例如，父母可以制订一些家庭内部的基本规矩，来引导孩子谈吐文雅，如你想说"你这个没教养的孩子，吃饭时不能大声说话！"可以换成这样说："我们家的规矩是吃饭时不能大声说话。"这样儿童比较容易接受，因为你是在说一种制度、一种行为，而不是在批评她。

谈吐优雅是一个儿童有修养和气质的重要表现，谈吐好的儿童，能由内而外散发出一种馨香。父母如果在儿童还小的时候，就注重对其谈吐的培养，那么儿童长大成人之后，势必会成为一位彬彬有礼的年轻人！

第04章 礼多人不怪，讲文明、懂礼貌是儿童良好人际关系的敲门砖

老师教导我们要懂感恩
——常说"谢谢"的孩子更可爱

生活中，父母和老师都会教导儿童：做人要懂得感恩。在人生路上，所有人，包括孩子们，无时无刻不在接受他人的帮助，接受他人的恩惠。

事实上，作为儿童，他们需要别人帮助的时候更多。为此，我们要引导儿童学会心怀感恩，且要表达出来。人们对那些彬彬有礼、懂得感恩的人更有好感，也更愿意与他们打交道。

有人说，在字典里，"谢谢"是最有魅力的词汇。要知道，人与人之间的很多争端与矛盾都来自词语的使用不当。而"谢谢"传达的是感恩和善意。一些儿童可能会认为，"大恩不言谢"，不愿意说"谢谢"，如他们认为父母对自己的付出理所当然，说了"谢谢"似乎就是玷污了亲子感情，"谢谢"只适用于陌生人之间。其实事实并不是这样，再深厚的关系也需要用心去维护，用爱去打理。所有人都希望自己的努力换来的是感恩和回报，没有人愿意和一个不懂得感激别人的人生活在一起。

"谢谢"一词如此简单，简单到被很多孩子忽略。从而导致他们在与人相处中错失了很多段的好情谊。虽然对别人表达感激之情不是什么难事儿，但却是现代礼仪的重要内容。我们在引导儿童在表达感谢时，不妨注意以下几点：

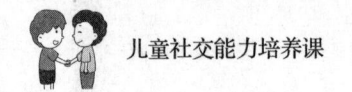

1.真诚表达

谁也不喜欢听到毫无诚意的感谢,甚至还会厌恶。我们要告诉孩子,无论什么时候都请记住:道谢不是一个表面工程,它需要你从内心深处去感激。真心实意地去表达感谢才会令对方感动、欣慰,才能使你们的友谊地久天长。

2.眼神专注

要想真正用感谢的话打动对方,你还需要在说"谢谢"的时候注视着对方的眼睛。其实不只是道谢,说任何话的时候都应该注视着对方的眼睛。眼睛是心灵的窗户,注视着别人的眼睛才能和他有心灵上的交汇和沟通,让对方深深地感到你对他的谢意,是发自内心深处的声音,真实不造作。

3.表达要自然,而且要称呼着对方的名字说"谢谢"

我们要引导儿童明白,既然是来表示感谢,语言、动作就一定要大方得体、诚恳坦率,不要扭扭捏捏的一副羞涩的样子。如果你说"谢谢"的时候态度不大方,很容易引起对方误会:这到底是感谢我来了,还是讽刺我来了?明明很好的一件事情被态度搞砸了。另外,感谢时一定要称呼对方的名字。这点大家可能都没怎么注意过,如果有人说"谢谢你"和"谢谢你,小张",你会觉得哪句好一些呢?显然是第二句更具有亲和力吧。称呼对方的名字能让对方全身心地感觉到你是在感谢他而不是别人,因此也能唤起对方心灵深处那种自豪感,在你记住他的同时,他也记住了你,这就是一个人脉资源规划的良好开端。

4.表示回报的感谢要有具体环境做依托

我们要告诉儿童,朋友帮了你一个大忙,同学为你做了一件事,这些都是值得你感激并且要及时表示感谢的地方。既然受人恩惠,当然要记得回报,尽管对方并不是冲着要你报答才来帮助你的,但"投我以木桃,报之以琼瑶",知恩图报是最上乘的美德。当朋友或同学明明需要你的帮助而羞于开口时,你一定要积极主动地帮忙,就像他们帮你时那样。此时,为了维护他们的自尊,你完全可以不说透:"这件事我正好熟悉,不然也帮不上什么忙……"或者"上次的事情多亏了你,否则我都不知道该怎么办才好。"总之,感谢一定要言之有物,握着对方的手一个劲儿地说"谢谢",会把对方弄得一头雾水,而且达不到感谢的目的。

事实上,会说"谢谢"的孩子通常会给人一种正直、大方的感觉,相信当对方听到你的道谢时,心里都是很喜悦的,因为他们不仅仅受到了赞美,更重要的是自身的价值得到了肯定,自身的修养得到了升华。所以我们要引导儿童把你心中的感激表达出来!只有把"谢谢"诉诸于语言,才会让对方知晓,也才会让他的形象在对方心里永不褪色!

做错事要说"对不起"
——教导儿童学会真诚地道歉

责任心是儿童健全人格的基础,是能力发展的催化剂。责任心培养应遵循这样一个规律:从自己到他人,从家庭到学校,从小事到大事,从具体到抽象。遵循这样一个过程,我们发现,家庭在培养儿童的责任心方面发挥着无法替代的作用,其次,责任心的培养有一个起点,那就是先要为自己的行为承担责任。修身、齐家、治国、平天下,修身是一切成功的基础,连自己都管理不好的人,无法承担更大的责任。因此,如果要教育儿童学会承担责任,父母首先就要让他们学会为自己的行为负责,当孩子做错的时候,父母一定要让孩子学会道歉。

美国著名心理学盖瑞·查普曼博士提醒说:"孩子在小时候就能学会道歉的语言,随着年龄的增长,他们对道歉的重要性会有更深的领悟和理解,为今后的道德和人际关系发展奠定基础。"

每个人都生活在一定的关系中,谁也避免不了在与人交往时伤害别人或者被别人伤害。做错了事说声"对不起"是一种符合社会行为、体现人的素质、增进人际交流必不可少的行为标准之一。尽管大多数伤害是无意的,但学会道歉和学会接受道歉,是打开通向原谅和恢复关系大门的最有效的钥匙。

如果儿童已经依赖成性、不愿对自己的行为负责,那么父母需要采取坚决的做法。"逼才是爱",父母要勇于要求孩子承担自己的责任。通常,我们都需要经历一个漫长的过程才能让孩子明白,当他的行为让别人受到身体的或者情感上的伤害时,他应该道歉。而一旦孩子能够发自肺腑地说出"对不起",那么他不仅仅是掌握了一项社会技能,更重要的是,他学到了怎样去补救自己的过失,怎样对自己的行为负责,怎样照顾他人的情感。那么,家长该怎样学会这门教育真经,让儿童在伤害对方的时候,为自己的行为负责,向对方道歉呢?

1.让儿童学会认错,这是让儿童学会道歉的第一步

孩子没有学会道歉,可能是因为不懂得是非概念,不知道生活中什么是对的,什么是错的,为什么是错的,更不知道自己应该怎样改正错误。因此,父母切不可对孩子动辄责备,而应耐心地告诉孩子为什么错了,错在哪里。认错需要一定的勇气。孩子不敢认错,可能是害怕承担后果。父母应给孩子一种安全感,告诉孩子每个人都有犯错误的时候,只要改了就是好孩子,避免孩子产生畏惧感。

2.儿童犯错要及时纠正

当孩子做错事时,父母应及时地给予教育并纠正,让孩子知道错误不是不可挽救的,只要改好了,就可以得到原谅。父母千万不要在孩子做错事后,一味地批评、指责孩子,这样容易导致孩子产生逆反心理,以后犯错时就会总想找借口推脱。对懂得道歉但又频繁犯错的孩子,父母不仅要注意孩子的言语道歉,更要关注孩子改正错误的行为。如何处理孩子所犯的错

误，比孩子犯的错误更值得父母思考。

3.可教会儿童一些真诚地向别人道歉的艺术

（1）教会儿童用一些小礼物表达自己的歉意，这就是"尽在不言中"的妙处。孩子之间的矛盾不是什么"深仇大恨"，只要有一方主动示好就能化解。

（2）让孩子切记道歉并非耻辱，而是真挚和诚恳的表现。伟人也有道歉时，丘吉尔起初对杜鲁门的印象很坏，但后来他告诉杜鲁门自己以前低估了他——这句话是以道歉方式做出的赞誉。

（3）除非道歉时真有悔意，否则对方不会释然，因此，道歉一定要出于至诚。

（4）告诉孩子道歉要堂堂正正，不必奴颜婢膝。你想把错误纠正，这是值得尊敬的事。

（5）让儿童明白，应该道歉的时候，就马上道歉，越耽搁就越难以启齿，有时会追悔莫及。要抓住时机不要放过机会。

当然，家长要以身作则，给儿童树立好榜样，自己做错的时候，也要真诚道歉。让儿童对自己的行为负责，就不能让儿童成为一个敢作不敢当的懦夫，责任感的缺失会导致人格的缺失。而为自己的行为负责，这是儿童责任心培养的重要方面，是孩子担当家庭责任、社会责任的前提！

公共场所要自觉排队
——要从小教育儿童学会等待和排队

我们都是社会和集体的人，我们要经常出入公共场所，因此就需要遵守公共场合的礼仪，其中就有排队。对于儿童来说，当他们学会排队等待的时候，这本身就是一道风景。

教育心理学家指出，在儿童还很小的时候，就要对其进行良好的行为习惯培养，这对于儿童日后的成长以及一生都有重要且积极的影响，因为幼儿教育是启蒙教育，也是人类奠基的教育。父母教育儿童不可打骂，更不可粗暴，而需要智慧和耐心。我们要为儿童制订合理的内容和教育方式，要鼓励年幼的儿童树立自信，养成好的行为习惯，要让儿童持之以恒，还要给他们起榜样、示范的作用，利用多种机会对他们进行教育，培养他们良好的习惯。而在儿童的多种习惯中，就有一种——

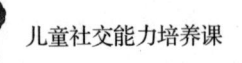

自觉排队，我们来看下面这位妈妈的教育心得：

我的女儿甜甜今年刚上小学，已经能自己购物，自己回家了。周六的早上，我和甜甜出门买早餐，我让甜甜去买包子，我去隔壁家买点粥。当我拎着粥从粥铺出来的时候，我竟然看到女儿在插队——直接插到别人前面。此时，我赶紧告诉女儿，这样是极其不礼貌的，而且这样的一种方式也是特别不安全的。在拥挤的过程中会挤伤自己和别人。

女儿听了我的话之后，就退回后面了。

回家后，我想针对这个问题好好和女儿谈谈，我告诉她，我们都是文明社会的人，不管做什么事，都要遵守秩序，无论是购物还是排队买票、上车，都要排队。一味地插队，不仅是没素质的表现，而且也很危险。

如果我们按照顺序、一个一个来，反而非常轻松而且安全。我还告诉她，在学校里面也需要排队，无论是上课铃响了需要进教室还是上卫生间，都要排队，女儿听了我的话，认真地点了点头，并表示自己一定能做到。

案例中的这位妈妈是教育中的有心人，针对孩子不排队的现象，她及时指出并给予教育，让孩子认识到自己的行为是不正确的。

的确，在公共场所，不遵守秩序不但失礼，也是危险的。而我们带着儿童出去玩是为了放松心情的，如果遇到这样不守秩序的现象肯定会非常郁闷。所以不管是大人还是孩子，都应该有这样的一个自觉。儿童不懂我们就要去纠正他，并且给孩子辅导一些这方面的安全知识。

对此,我们要告诉儿童:

1.插队是无礼的行为

我们要告诉孩子,在公共场合,一定要遵守秩序,要自觉等待、学会排队,唯有每个人都按部就班、遵守秩序,才能保障每个人的安全。

比如,上课铃响了,还在教室外玩耍的同学不要争先恐后地挤进教室,而要一个一个进教室,不可与其他同学争抢,上卫生间也要排队,应选择由内往外最后一个洗手间处开始,不应径直插到某个洗手间门外等候。

2.保持队形,注意安全

我们要告诉儿童,在排队时,与前面排队的人不要距离太大,保持在20~50厘米即可。

在队伍行进的过程中,要始终保持相同的距离,不要走得忽快忽慢,这样既安全,又不会影响队伍的整齐性。

儿童观看比赛或者演出入场,在无人引导时,要注意保持一路纵队、依次前进,而不是三三两两、并排站立。

3.依规保持适当距离

在银行这些特殊场所排队时,我们要告诉儿童,要遵守该场所的规定,与前面的人保持适当的距离,以此来保护他人的隐私,而如果对方正在输入密码,要尽量移开视线。

4.排队乘车,要谦让他人,先下后上

等候公交车、地铁等公共交通工具时,我们要告诉孩子按照顺

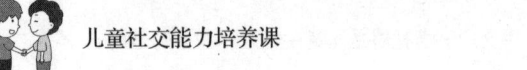

序排队，在遇到老、幼、病、残、孕等有需要的人时要进行礼让。

上车后，不要抢占座位，要先下后上，遵守秩序。下车时要提前调换位置，不要争抢，按照顺序下车。

虽然教导儿童排队、遵守秩序是一件小事，但这对于儿童的礼仪形成却极为重要，而且，只有每个父母都尽力让儿童做个文明的社会小主人，文明才能在全社会蔚然成风，才能真正成为一种感染力、凝聚力、推动力，进而升华为城市的名片、国家的形象、民族的精神。

第 05 章
大胆交际，鼓励儿童与小伙伴友好相处

对于成长中的儿童而言，他们主要的人际关系有三种类型：同伴关系、师生关系、亲子关系。在与同伴相处过程中，儿童可以学会分享，包括快乐与悲伤，尤其是当儿童在学习、生活上遇到挫折而感到愤闷、抑郁时，向挚友倾诉，就可以得到心理疏导，身心也就更健康，学习更有劲。孤僻、不合群的孩子，往往有更多的烦恼和忧愁，以至于在学习和生活中受阻。因此，作为父母，我们要多鼓励与小伙伴结交，并引导他们处理与小伙伴相处中会遇到的困惑，让儿童在同伴关系中学习社交能力，享受更充实、快乐的人生！

我最喜欢做游戏了
——在游戏互动中让孩子学习社会交往能力

现代社会,任何一个人都需要掌握一定的社会交往能力,一个人的价值很大一部分是在社会交往中实现的,而很多父母也已经认识到这一点,并开始着手培养孩子的这一能力。这一能力的培养越早越好,心理学研究表明:幼儿期是一个人社会交往能力的迅速发展时期,是其实现社会化的关键期。在这一时期幼儿通过交往,可以学会合作、分享、协调、助人等社会交往技能。

社会性增强是五六岁孩子的典型表现,这时,他们开始喜欢与周围的小伙伴接触和交往。不过,孩子毕竟是孩子,这一阶段虽然是从游戏性阶段到学习阶段过渡,但他们此时的社会行为还是在游戏中体现出来的。因此,我们要多为这一阶段的孩子创设此类游戏环境,以此提升他们的社会交往能力。

"我女儿5岁半了,很可爱,就是特爱害羞,碰到熟人也一样,有时甚至还会因害羞而哭闹。我也跟她讲了很多道理,可还是不管用。这该怎么办?"

这是一位漂亮妈妈对儿童心理学家说的话。孩子到了5岁,此时是他进行社会交往的初级阶段,孩子在这个阶段会学习如何来面对家人以外的人。在这之前，孩子的表达能力还不完善，需要大人去探知他的意愿，可以说，他的生活处处依赖成人。而到了这个年龄，他们会接触很多幼儿园的小朋友和老师，开始有自己的小伙伴，生活范围一下子扩大了。这时，他们需要自己去面对很多的"陌生人"。

不过，我们对儿童的社会交往能力，也需要从游戏开始。专家指出："幼儿园教育应尊重幼儿的身心发展和学习的特点，以游戏为基本活动。"

德国幼儿教育家福禄贝尔在《人的教育》中说道："儿童早期的游戏，是具有深刻意义的，是一切未来生活的胚芽。"可见，游戏对于儿童早期的发展有着至关重要的作用。而在幼儿园中，最具有社会性的一种游戏就是角色游戏了。孩子通过角色扮演，运用模仿和想象，体验并解决人与人之间的关系问题，从而排除自我中心，积极参与交往求得与环境的融洽和谐。正如福禄贝尔所说，游戏对于幼儿的发展有至关重要的作用。在幼儿园中，角色游戏最适合幼儿身心游戏发展的需要，是最具典型性、最具特色性、最具社会性的一种交往形式。

那么，家长具体应该怎么做呢？

1.为孩子创造轻松的游戏环境

幼儿参与活动的愿望往往建立在游戏之中，为幼儿创设轻松愉快、毫无压抑的环境，才能鼓励幼儿去主动交往。在角色游戏中，因为没有了成人的直接旁观或干预，幼儿的心理状态通常是比较放松的，容易沉浸在自己的游戏情境中，也大多流露出最自然、最真实的状态。观察中发现，无论是平常的性格外向还是内向的孩子，在情绪稳定的前提下，大多数幼儿在角色游戏中都乐于主动地与同伴交往，或是愉快地去接受同伴的主动交往。

2.给予指导

我们给予适时的指导、启发，是发展幼儿交往能力的重要手段。专家指出："游戏是对幼儿进行全面发展教育的重要形式。"因此，指导幼儿游戏的手段就显得尤为重要。我们指导游戏就需要介入到幼儿的游戏当中去，介入的目的是引导幼儿继续游戏，从而提高游戏质量，在角色游戏中，促进幼儿交往能力的发展。

大家都不喜欢我

——家长帮助儿童学习与小伙伴相处的四大禁忌

随着孩子的成长，他们的自我意识逐渐萌芽，他们不但开始关注自己,也开始关注周围的人,他们开始渴望友谊,渴望与小伙伴做朋友。但同时,孩子毕竟是孩子,他们会因为缺乏一些交际技巧而出现很多困惑,比如,经常有儿童发出疑问:"为什么大家都不喜欢我?"其实,孩子不被人喜欢有很多原因,要么孩子自私、不懂分享,要么蛮横霸道等,但无论什么原因,我们父母都要做好孩子的引路人,及早帮助孩子学会如何与人和谐相处,学会以下四"不",先在同龄人中建立良好的人际关系。

1.不"独"

物质上有好东西大家一起吃、一起看、一起玩,精神上哪怕是妈妈讲的一个故事,都可以鼓励女儿讲给别人听,也鼓励别人讲给自己听。从一点一滴入手,培养女儿乐于与人分享的意识和习惯。

有位妈妈这样袒露自己的担忧:

"我的宝宝现在4岁多了,最近发现宝宝在和小朋友玩的时候总是要求别的小朋友按自己的思路、自己的想法、自己的规定去做;在与小朋友讨论话题时,只承认自己是对的,同时还要求别的小朋友也认同;若别的小朋友不顺着她或不同意她的观点,我的宝宝就会很大声地对小伙伴说:'就是应该这样做的''就是我这样的''你要和我一样地做'如果这样下去,她长大后应该会是一个自私的人,就不会有自己的小伙伴、朋友;我作为父母,真的不知道应该如何去帮助她了。"

可能生活中有不少父母也有这样的担忧:孩子怎么越长大

反而越自私了，如果孩子能换位思考，多替他人着想就好了。

我们发现，生活中，不少孩子随着年龄的增长，都有这样的表现，他们只知有自己，不知有别人。他们以为自己的欲望都应该得到满足，如果不给予满足，是你们当家长的错；至于别人，包括最亲近的父母、老师的需要，与他无关，他无须考虑。其实，之所以有这些表现，与家长的溺爱有关系。凡是这种孩子，在他们家里无一不是唯一的"核心"：他们是家里所谓的"小皇帝""小太阳""独苗苗"，几代人都宠着他、惯着他，这类孩子很少替他人着想。

2.不"横"

宽容是打开广阔天地的钥匙。要教会孩子学会宽容，对人对事保持平和的心态。每当他和人发生不愉快时，不应一味地护着自己的孩子，要让孩子首先反省自己，看看自己有没有错，同时要多体谅别人，站在对方的立场上想一想。告诉孩子与人相处，不能斤斤计较。如果别人犯了错误，要善于原谅。当然，真正要想让孩子具有宽容的心胸，父母在生活中要以身作则，因为身教的力量远远大于言传。

3.不"讥"

讥讽嘲笑是人际关系中的一把利刃，不光自己不要使用它，还要善于化解别人的讥讽。有些孩子一遭到别人的讥讽，要么是反唇相讥，要么怀恨在心。这样的孩子肯定是不会有良好的人际关系的。相反，若能乐观看待学习生活中一些不如意的事情，能以宽容的心态对待别人的嘲笑，最终会赢得更多的朋友。

4.不违背原则

坚持原则的有力武器是敢于拒绝。即使是对成年人来说，拒绝别人也是很困难的事情，何况孩子。但是，有些事情却是必须要说"不"的，因此父母应该早早教会孩子怎样拒绝。当孩子面临友谊"受挫"或与人相处困难时，如果家长也表现出特别的关心或焦虑的态度，孩子不愉快的感觉反而会增加。父母应该与孩子谈谈如何改变现状，例如寻找新的突破口，或者告诉孩子有关自己青少年时期的经验，让孩子知道每一个人都会经历这些挫折。

那么，首先教会孩子哪些事情要拒绝：违背原则的事情，要拒绝；自己不愿干且无意义的事情，要拒绝；仅仅为了维护友情，对自己有害的事情，要拒绝。一切违背了做人原则的事情都坚决不做。不用担心别人说你不给"面子"。朋友应该互

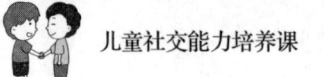

相理解、互相尊重,而不是完全放弃自己的追求,一味去迎合另一方的好恶。所以,学会拒绝,不仅重要,而且必要,它帮助你鉴别真正的朋友,保持友谊的本色,维持你的社交圈子的纯洁性。

我就喜欢小朋友都听我的
——循序渐进地纠正儿童霸道的个性

现代社会的家庭里,孩子往往是家中的"小皇帝"和"小公主",基本过着"一个中心"的生活,这容易养成孩子以自我为中心的行为习惯,在与人相处的过程中,给人留下霸道的印象。

其实,这样的状况对于成长中的孩子来说是危险的,每个孩子都希望有一种自我价值感和归属感,这是他们不断努力和奋进的动力,但周围同伴的隔离使得这些孩子变得离群索居,长此以往,孩子难以交到真心的朋友,也难以形成良好的人际关系。

5岁的甜甜虽然是个女孩,但却很调皮,她在幼儿园俨然是老大,大家都怕她。老师让小朋友们排队离开教室时,她总是要在第一个;老师让大家做游戏,她在地板上爬来滚去地疯;小朋友们正在唱歌时,她要站在台上乱吼一通;她还要求所有女孩子都听她的,她喜欢的玩具就要独占,不让其他小朋友碰……

后来,其他小朋友每每看到甜甜来了,都悄悄躲开,甜甜感到很孤单。

很明显，幼儿园的小朋友都不喜欢甜甜这样的孩子，因为谁也不喜欢霸道的人，谁也不喜欢被干扰。因此，如果你的孩子也很霸道，一定要循序渐进地纠正。以下是一些建议：

1.为儿童营造和善、相互关爱的家庭氛围，让孩子产生责任心

相信不少父母在与儿童产生争端时，都可能说出这样的话："你滚吧！想去哪里就去哪里！"而孩子也会与父母赌气，双方僵持不下，久而久之，孩子的脾气越来越大，也就养成了霸道的个性，而这又滋养了孩子更多的坏心态，比如消极、悲观、自卑、浮躁、骄傲、自大、贪婪、偏执、嫉妒、仇恨等，它们就恰似愁云惨雾的阴霾，浓烟滚滚的烈焰，消磨孩子们的意志，炙烤儿童们的心魂。

成长于相互关爱的家庭，孩子会多一份责任感，会体会到家长的艰辛。这样的孩子往往是积极向上的，也更懂得体贴他人，自然不会霸道。

2.告诉儿童霸道的孩子是不被人欢迎的

当儿童出现霸道的行为时，可以把孩子放在一个安静的无人区域中，但要在父母视线范围内，不理会儿童任何的哭闹行为。在孩子情绪渐渐稳定后，与儿童尝试沟通，并且讲述不可以霸道的理由。

帮助儿童改正霸道行为的第一步是进行认知上的抑制，要让儿童认识到霸道行为只会让人讨厌，是交不到朋友的，而那

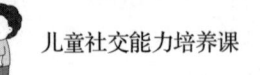

些关心他人、谦逊、懂得合作的人是受人欢迎的。我们要这样引导孩子:"今天你和别的小朋友在玩游戏的时候,我一直在旁边观察,你知道吗,正因为你喜欢指挥他们,他们都不太愿意和你玩了。""你打开电视的时候,因为没有问小朋友们想要看什么动画片,他们可都有点不太高兴了呢。"

3.从小培养儿童与他人分享的意识

谦让是一种美德。大多数父母都明白,孩子最终要走向社会,要在群体中生活。与人分享,才能得到别人的信任、支持和尊重,但在现实生活中,自私、不愿意与人分享的儿童并不少见。要想让孩子在未来拥有良好的人际关系,父母要让儿童从小克服自私的毛病,培养儿童与他人分享的意识。

4.鼓励儿童大胆交朋友,并从朋友的角度思考问题

友谊是每个孩子童年的重要组成部分。对孩子来说,结交朋友似乎是这个世界上最自然不过的事情。在交朋友的过程中,儿童也能认识到自身的缺点,也能懂得从朋友的角度来思考问题,进而逐步克服霸道的缺点。

有什么了不起的

——拔掉儿童心中"嫉妒"这颗毒瘤

美国著名心理学家布鲁纳曾经指出,好胜的内驱力可以激

发人的成就欲望。但若不注意引导，孩子就会在相互的竞争中产生嫉妒心理。嫉妒过于强烈，任其发展，孩子则会形成一种扭曲的心理：心胸狭窄，喜欢看到别人不如自己，并喜欢通过排挤他人来取得成功。所以，从小培养并引导儿童积极的好胜心对孩子的成长很有必要。

事实上，在家庭教育中，很多父母对于孩子表现出来的过度的好胜心并没有引起重视，反而听之任之。每个父母都要做孩子心绪的体察者，要了解孩子好胜心理产生的原因，有针对性地进行教育，以免孩子产生嫉妒心理。宽容而不嫉妒的好心态就恰似一把金钥匙，在孩子的成长过程中，为孩子打开"自我宝藏"的大门。

有位母亲这样对心理咨询师说："儿子亮亮从小长得虎头虎脑，很讨人喜欢，一直以来都是我们家的开心果。亮亮在幼儿园里的表现也很优秀，再加上他嘴甜，老师都很喜欢他。可以说，他是在大家的赞美声中长大，在无忧无虑的状态下生活的。

"自从升入小学后，亮亮却不似从前那么活泼开朗了，有时候还会将郁闷的表情挂在脸上。我和先生同他沟通后，他告诉我们说班上谁谁得了第一名，谁谁又得了小红花，而他却没有份。看着儿子不服气的样子，我内心有点担心，儿子这么小就有了好胜心，说明他很有竞争意识，但一定要加强引导，否则，会形成嫉妒心理！

"意识到问题的严重性后，我们决定好好正确引导孩子的好胜心。于是，在接下来的日子里，我们不再一味地鼓励孩子去争强好胜，而是将重点放在了培养他良好的心态上，给他树立'胜不骄、败不馁'的信念。当儿子失败了，我们不但给他分析原因，也告诉他，结果是次要的，努力尝试的过程更重要。另外，我们经常在日常生活里给他暗示，告诉他在这个世界上，总会有人比你强，你真正的对手应该是自己，保持进步，超越自己，才是最大的赢家。"

这位母亲的引导方法是正确的，家长应该有所启发，正确的引导，能将孩子的好胜心转化为努力向上的动力。

作为孩子的第一任老师，父母在培养孩子健康的竞争心态上起着极为重要的作用。在培养儿童竞争意识的过程中，也应让儿童明白，竞争不应是狭隘的、自私的，竞争时应具有广阔的胸怀；竞争不应是阴险和狡诈，暗中算计人，而应是齐头并进，以实力超越；竞争不排除协作，没有良好的协作精神和集体信念，单枪匹马的强者是孤独的，也是不易成功的。为此，我们可以这样引导孩子：

1.帮助孩子形成正确的自我认识

孩子正处于身心发展的阶段，还不能全面地看问题，不能对自己和他人进行正确的评价，这就要求父母在与孩子相处的过程中，要让孩子懂得"金无足赤，人无完人"，每个人都有自己的长处，也有自己的不足。父母不但要正确地认识孩子，还要帮助孩子形成正确的自我认识。

2.让儿童认识到嫉妒心理的危害

只有让儿童改变认知，让儿童认识到嫉妒的危害性，他才会有意识地克服妒忌心。那么，妒忌心的危害有哪些呢？家长不妨为儿童列出以下几条：

（1）对己来说，嫉妒只能说是一种自我折磨。嫉妒只会让自己在痛苦中煎熬，影响身心健康，不仅如此，心怀嫉妒的人，往往忧心忡忡，人际关系不良。一些时候，心怀嫉妒的人会把这种消极情绪转化为行动，比如，对被嫉妒者冷言冷语、背后说坏话、故意挑毛病等，设法令对方难堪，打击对方的自信心。

（2）对别人来说，被嫉妒者往往因挫折反而勇敢进取，更显优秀。当你对那些被嫉妒者给予伤害时，只能激发对方的斗志，而你只能停留在嫉妒中不能自拔，可见嫉妒无损他人而折磨自己。

（3）嫉妒是丑陋的。从近处说它破坏友谊，集体中互相学习、互相帮助、共同进步的正气多么令人愉快，而嫉妒者不顾同学之情、朋友之谊，为发泄憎恨而干损人不利己的蠢事，结果只能被集体嘲笑和孤立。从远处说，一旦道德堕落，干出伤天害理之事，还将受到社会谴责、法律惩处。

3.培养孩子宽容的品质

好胜心强的孩子，往往有自身的性格弱点。例如，与人交往时，喜欢做核心人物；当不能成为社交中心时，就会发脾气；同时，他们不会感谢人，易受外界影响。对有性格弱点的孩子，父母要悉心引导。在孩子面前，要对获得成功的人多加赞美，并鼓励孩子虚心学习他人长处，积极支持孩子通过自己的努力去超越别人、战胜自己。孩子学会了事事处处接纳他人、理解他人、信任他人，不仅会发现他人的许多优点，而且也会容忍他人的某些不当之处，求大同存小异。这样，孩子的人际关系就会变得融洽和谐。

4.接纳儿童的情感，帮助儿童从嫉妒中解脱出来

面对儿童的嫉妒，首先不能言辞激烈地去指责他、批评他，而应该耐心听他对这种感觉的描述。因为，这时孩子最需要有人聆听他的倾诉并能理解他、体谅他。儿童的嫉妒心随时会冒出来，父母不可能随时消灭它，但我们可以通过接纳理解他，然后运用智慧，让这种情绪转化为激发潜能的动力。

5.父母的鼓励和称赞是化解嫉妒的良药

我们爱孩子，就不要吝惜对儿童的鼓励和称赞，要让儿童有自信心。这样，儿童就不容易沉浸在对别人的艳羡和嫉妒之中，反而会把嫉妒变成自己奋斗的动力，自信地发展自己的优势。

父母不妨和你的孩子制订计划，一方面虚心学习，和被嫉妒的儿童探讨学习方式，争取赶上对方；另一方面扬长避短，发扬自己的长处，比如儿童数学基础扎实，家长就要让他继续努力创造出让人羡慕的成绩。

我不想帮他这个忙

——教会儿童如何拒绝小伙伴

"妈妈,我同桌丽丽又让我放学后借笔记给她,真烦人。"女儿跟妈妈抱怨道。

"帮助同学不是应该的吗?"

"可是她是因为上课不听讲才需要借笔记来抄,我自己回家也要认真复习,她借了第二天才会给我,我也不知道怎么拒绝她。"

"乖女儿,你是个善良的孩子,但帮助别人也要有度的,别人能做到的事,却让你去帮忙,你就不该答应,你要知道,'好好先生'总是会被别人欺负……"

案例中,妈妈的话是有道理的,毫无原则地帮助别人就会成为一个吃力不讨好的"好好先生"。诚然,人生在世,谁都会有求于人,正是深知这个道理,我们对于别人的困难也常常伸出援助之手。但对别人的请求,总不能事事都答应,对有些自己力不能及的、违犯原则的、出力不讨好的、付出精力太多的请求,不得不加以拒绝。不善于拒绝别人的人是一个没有原则的人。

的确,我们经常教育儿童要懂得与人分享,养成慷慨、大方、谦让的美德。但任何事情都要讲究一个度,若是轻易承诺了自己无法履行的职责,将会带给自己更大的困扰和沟通上的困难。然而,在现实生活中,不少父母经常向儿童灌输这样的思

想:"要多帮助别人,拒绝他人的人不受欢迎"。这样的父母在生活中往往也是不懂拒绝他人的人,虽然他们也发现,不懂拒绝让他们的生活平添了很多麻烦。实际上,懂拒绝且善于拒绝,也是自尊自信的表现,而自尊自信的人才更能得到喜欢与青睐。

可能不少儿童会误认为,"我只有顺从和帮助别人,才能变得可爱",事实上,一味顺从只会使你成为别人口中的"老好人"。对于任何人的任何请求都来者不拒,最后你会发现,自己已经筋疲力尽,却"吃力不讨好"。你身边的人都希望你随时随地在他们身边,为他们服务。不会拒绝让你疲惫,感到压迫和烦躁。切记,不要等到你的能量耗尽时,才采取行动。

当然,教导儿童学会拒绝别人这个过程也需要我们父母的引导,因为拒绝别人实在不是一件容易的事。有些孩子在拒绝对方时,因感到不好意思而不敢据实言明,致使对方摸不清自己的意思,而产生许多误会,同时也给自己造成心理压力。

大胆地拒绝别人，是相当重要却又不太容易的事情。教会孩子学会拒绝别人，将使孩子受益终身。当孩子没有勇气拒绝的时候，家长可以尝试下面的几种方法。

1.教儿童正确认识"面子"问题

儿童不敢拒绝他人还可能是为了保全面子。比如，虽然自己的钱都是父母给的，但当别人来借钱去玩游戏时，为了面子还是借给别人。有些孩子甚至发展到别人叫他去做一些不合纪律的事情也会违心去做，而事后却遭到老师的批评。可见，让儿童会拒绝就应该教孩子正确区分面子。

2.教儿童泰然接受他人拒绝

父母应该从小在孩子头脑中强化一个概念：别人的东西不属于我。这样，孩子就会逐渐明白拒绝别人的必要。

3.让儿童坚持自己的决定

有些儿童不敢拒绝同伴的要求是因为害怕别人不跟自己玩，害怕被孤立，于是，别人要什么东西，他就会拱手奉送，可是，事后他就后悔了。这种情况就是平常说的"没志气"，常发生在年龄较小的孩子当中。

家长须逐渐培养儿童的果敢品质，自己说过的话、做过的事，就应该勇敢承担起责任来，自己拒绝同伴后就应该承担起受冷落的后果，而不是过后就反悔。

4.教给儿童委婉拒绝的技巧

拒绝别人的某些无法接受的要求或者行为时，妈妈要教给孩子应注意的方式、方法，不可态度生硬，话语尖酸。你要告诉儿童,先不要急着拒绝对方,可采用迂回委婉的方式说明自己的实际情况,既不违反自己主观意愿,还可以给对方一个可以接受的理由。以下是几种委婉的、儿童可以学习的方法:

(1)让儿童学会用商量的语气和别人说话。告诉孩子,拒绝别人有时要和对方反复"磨嘴皮子",直到对方认可。如此,就巧妙地拒绝了对方,避免了一场冲突。

(2)让儿童学会间接拒绝别人。开门见山,直截了当式的拒绝,犹如当头一盆冷水,使人难堪,伤人面子。父母要教会孩子学会先承后转的方法,避免正面表述,间接主动出击。即首先进行诱导,当对方进入角色时,然后话锋一转,制造出"意外"的效果,让对方自动放弃过分的要求。

(3)教儿童用语气的转折。告诉儿童,当不好正面拒绝时,可以采取迂回的战术,转移话题也好,另有理由也可以,主要是善于利用语气的转折:首先温和而坚持,其次绝不答应。

(4)教儿童学会推迟别人的请求。如果儿童不想答应别人的请求,父母可以教孩子用一拖再拖的办法,推迟别人的请求,比如说"我想好了再跟你说""我再考虑考虑"等,这都是一种委婉拒绝别人的方法,别人也会从儿童的推迟中,明白他的意图,从而不会使双方过于尴尬。

总之,父母所要做的,就是教会儿童如何平和地、友好地、委婉地、商量地拒绝别人的要求;同时泰然自若地接受他人的拒绝,而不是为儿童解决、包揽问题。

第 06 章
相亲相爱,引导儿童与家庭成员互敬互爱

我们都知道,儿童在成长的过程中,大部分时间都是在家庭中度过的,家庭成员之间的关系,是社会关系的一个缩影。父母培养儿童的社交能力,首先要从家庭开始。我们不但要为儿童提供一个健康、温馨、宽松的家庭氛围,更要鼓励儿童孝敬长辈、感恩父母,与家人和谐相处,这样,儿童才能以健康积极的心态与状态进入学校和社会,才能获得良好的人际关系。

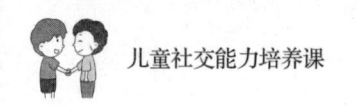

好孩子要心中有他人
——从家庭开始引导儿童学会关心他人

生活中,不少父母看上去很爱自己的孩子,但他们的爱不是理智的爱,而是溺爱。目前,有许多独生子女家庭中,有了好吃的父母不舍得吃,给孩子今天留、明天留,孩子不愿吃了,家长方才吃。例如,家长将肉已经盛入自己碗里了,他会再拣出来放在孩子的碗里,也不忍心对孩子讲:"你吃得很多了,应该给干活最辛苦的爸爸吃一点。"生活在如此家庭氛围中的孩子养成了只会享受家人的关怀、照顾,而不知道还要去关心别人的性格特点,再加上家长无意识的迁就顺从,孩子更是形成了随心所欲、"自我中心"的心理定势。

而那些经历过家长引导和教育的孩子,明白父母养育的艰辛,明白人与人之间需要爱。由此可见,孩子不能溺爱,家长要在家庭中为孩子设立为他人服务的岗位,让孩子从小在为他人服务的过程中体会到他的一份责任,养成关心、照顾他人的良好习惯。如让孩子坚持为下班回家的父母取拖鞋、倒茶水等,事情虽小,但给孩子的影响却是很大的。

孩子不懂得关心他人,很重要的一个原因就是孩子的自我中心意识过重，而这种过重的自我中心意识往往是家长给他们养成的。什么事都依着他，什么东西都让给他，家里所有的人都要听孩子的，这样就必然养成他"心中没有他人，只有自己"的自我中心意识，这样的孩子是不可能去关心他人的。

教育家苏霍姆林斯基说："爱国主义思想是从摇篮里开始培养的。谁要是不能成为父母真正的儿子，也就不能成为国家的儿子。"心中有他人，是一种美好的情感，是一种礼仪。儿童心中有他人，将来走上社会，才会心中有祖国，心中有人民，成为祖国的栋梁之材。要养成孩子心中有他人的情感，就要从小教育，最重要的是：

1.要让儿童从孝敬父母开始，学会爱别人

家长可以要不断地给孩子创造孝敬父母的机会。例如，让孩子给爷爷奶奶、爸爸妈妈过生日，为父母献上一首歌，说一句祝福的话。孩子会在做这些事的过程中得到长辈的喜爱，得到成人的赞赏，从而强化他孝敬父母、尊敬长辈的意识。

老张有个独生子，但他注意培养儿子关心他人比关心自己为重的好品德，并在平时有意识地察看他的表现，是否心中只有自己，没有别人。有一次，老张同他在街上买了一盒巧克力。虽说一盒，实际只有十五粒，数量不多。儿子又很喜欢吃，回去究竟如何处理，老张并没有想。但到家后，儿子却首先送了一粒给奶奶后才自己吃。老张欣慰地笑了。

不少父母认为好东西让给孩子吃，让孩子生活得幸福是天经地义的事。殊不知，溺爱孩子其实是害了孩子。为要培养幼儿心中有他人，应从教导他们孝敬父母开始。

2.父母要以身作则，言传身教

幼儿早期最主要的学习方式就是模仿了，特别是行为习惯方面。在平时的生活中有意识地为幼儿树立榜样是有效的教育方法。作为父母，我们在平时要尊老爱幼，热心助人，做关心他人的楷模，为孩子提供具体形象的学习榜样。例如，吃饭时为爷爷奶奶夹菜、晚上给爷爷奶奶捶捶背揉揉肩，邻居家遇到困难时主动地去帮忙等。孩子是心思细腻的，成人的一言一行都会被他们观察到，进而影响到他们。

3.不要迁就溺爱儿童

家长要让儿童认识到，他和家里所有的人都是一样的，没有什么特权，自己喜欢的东西别人也喜欢，自己不喜欢的东西别人也不喜欢，所以，自己喜欢的东西也要适当地与他人分享，不能霸占。当孩子做了错事时，家长要让孩子知道错在哪里，也可以反问孩子："要是别人也像你这样行不行？"另外，还要为孩子提供与人交往的机会，让他的同伴到家里玩，将他的玩具拿出来与小伙伴一起玩，将好吃的给大家分着吃，这样，让他在与伙伴交往的过程中正确认识自己和他人的关系，破除自我中心的意识。

4.父母要经常与儿童沟通，让儿童知道父母的苦与乐

父母要平等地与幼儿谈话，把自己的真实感受告诉孩子。例如，当妈妈疲劳地回到家里时，可以告诉孩子："妈妈挤了两个多小时的公共汽车，很累，你能给妈妈倒点儿水吗？"若是爸爸或妈妈从外面带回精美的点心，可以一家人围坐在一起，让孩子分点心。此时，家长应高兴地接受分享，表扬孩子礼貌、懂事的行为，让孩子养成好东西大家分享的习惯。

5.给儿童关心他人的机会

在日常生活中，家长要给儿童机会来练习关心他人的方法。父母可以主动向孩子寻求帮助，让孩子参与到照顾老人，社区义务劳动等活动中，在此过程中，发现孩子的优秀行为，家长应不吝夸奖，用鼓励的语言、动作、眼神等强化儿童关心他人的行为。

总之，父母要建立平等的、互敬互爱的家庭关系，要让儿童明白心中有他人是基本礼仪。父母不能永远围着孩子转，不能让儿童从小养成吃独食的习惯。通过吃、穿、用等一点一滴的小事让儿童明白父母为了自己所付出的辛苦与汗水，要让儿童理解父母所付出的心血。同时，让儿童知道自己也有义务为别人付出关心和爱护，而父母也是需要孩子去爱护、照顾的。心中有他人的人才能担当起社会、家庭的责任，这一方面的教育关乎儿童的一生！

可怜天下父母心
——引导儿童从小孝敬父母

中国人常说,百善孝为先。孝敬父母是所有优良品质的基础。一个对自己长辈都不尊敬、不善待的人,会是有爱心的人吗?因此,父母培养儿童的社交能力,第一步就是孝心的培养。然而,现代社会,很多家庭就只有一个孩子,全家人围着孩子转,在这样的模式下,儿童很容易变得唯我独尊、以自我为中心、孝敬父母的意识淡薄。我们经常看到这样的情景:吃过饭后,孩子扭头看电视或出去玩,父母却在忙碌地收拾碗筷;家里有好吃的,父母总是先让孩子品尝,孩子却很少请父母先吃;孩子一旦生病,父母便忙前忙后,百般关照,而父母身体不适,孩子却很少问候。尽管每一位为人父母者都希望自己的孩子长大成人后能够有孝心,尽管大家都知道孝敬父母长辈是中华民族的传统美德,然而在教育孩子时,又往往忽略这方面的内容。

许多父母对孩子孝敬长辈的要求是很低的。只要孩子上学离家时能说:"爸爸妈妈,我走了,再见!"放学回家见到父母能说:"爸爸妈妈好,我回来了。"他们就相当满意了。如果孩子在拿到好吃的东西时,举手让一让爷爷奶奶、爸爸妈妈,长辈们就觉得孩子非常乖。这是把孝心降低到一般文明礼貌来看待了。

父母要想培养出好孩子，就必须在他们还是儿童时就改变以往溺爱孩子的教育模式。家长要从家庭美德入手，重视孩子的孝心教育。具体来说，我们应该这样引导：

1.言传重于身教，父母为儿童做好孝敬长辈的楷模

有这样一则公益广告：

有位年轻的妈妈，上了一天班回到家，在做完家务后，给老人端来一盆热水，然后为老人洗脚。老人对这位年轻的妈妈说："孩子，歇会儿吧！别累坏了身子。"

她笑笑说："妈，不累。"

这一幕被3岁的儿子看到了，儿子也一声不响地端来一盆热水。可是男孩年纪太小了，一盆水对他来说太吃力了，以至于他走起路来跌跌撞撞，盆里的水都洒了出来，地面上、他的身上都是水，可是他笑得很开心，对妈妈说："妈妈，洗脚。"然后把水盆放到妈妈面前，为妈妈洗起了脚。

广告画面定格在这儿，广告语说："父母是孩子最好的老师"。

的确，孝心就是这样学会的，就是这样传递的，父母是孩子最好的老师，孝心就是在父母的榜样下养成的。因此，要想培养孩子的一颗孝心、懂得爱，父母首先要以身作则，要做孝敬长辈的楷模，因为"身教重于言教"。

2.逐步让孩子了解父母，培养孩子对父母的孝心

随着孩子身心的日趋成熟，培养目标的范围应不断扩大，培养目标的内容应逐渐增多。这种变化应体现出由浅入深、层

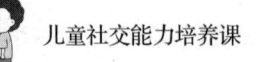

层递进的特点。下面,我们就给家长朋友介绍一下每个年龄段孩子可以达到的主要目标。

(1) 3~4岁时,知道爸爸妈妈的名字、年龄、工作,知道爸爸妈妈和自己的关系;意识到爸爸妈妈工作很辛苦;对爸爸妈妈有礼貌,听爸爸妈妈的话,不对爸爸妈妈发脾气;能向爸爸妈妈表示问候、感谢;自己的事情能自己做。

(2) 4~5岁时,知道爸爸妈妈做了什么家务;知道不去打扰忙碌中的爸爸妈妈,理解父母的一些情绪表现;能说一些使爸爸妈妈高兴的话;能将自己认为好吃的东西拿给父母吃;礼貌待客。

(3) 5~6岁时,知道爸爸妈妈的职业与对社会的贡献;在爸爸妈妈生病时,能给予关心;能预知爸爸妈妈的一些情绪反应;能做一些使爸爸妈妈感到高兴的事情;乐于承担力所能及的家务劳动;能帮助爸爸妈妈招待客人;能制作节日小礼物送给爸爸妈妈;对爸爸妈妈有信任感和自豪感。

3.建立一个良好的家庭秩序——长幼有序

父母应事先确定一些准则,作为父母,不能轻视家中的老人。而孩子的什么行为可以接受,什么不能接受,一定要坚持原则,毫不含糊。当孩子对他所知道的界限,以一种傲慢的态度肆无忌惮地进行挑衅时,要让他觉得后悔。不能让他们当面取笑父母,藐视父母的权威,甚至把父母当成出气筒而不受谴责。当然,批评孩子错误行为时,不要夸张,要就事论事,不要贴标签、戴帽子,要言简意赅。不要喋喋不休地讲个没完没了，让对方厌烦。

4.孝心是拿来做的，不是拿来说的

做父母的，一定要身体力行，孩子才能效仿。那种"只爱自己的妈妈，不爱丈夫的妈妈"的现象，在年轻妈妈中相当普遍。很多妈妈在婆婆面前，不称呼"妈妈"，甚至在婆婆背后，称她为"老东西"，这会对孩子造成极为不利的影响。

总之，家长要从家庭美德入手，重视儿童的孝心教育。我们的孩子就像是一张空白的纸张，如何把这张纸描绘成色彩斑斓的蓝图，就需要父母的教育。培养孩子的孝心，家长必须身体力行，让孩子去体会，去感受！

我的家很幸福
——为儿童营造一个温馨有爱的家庭环境

每个人从呱呱坠地开始，就开始归属于一个家庭，它是人出生后最初的教育场所，也为我们的性格打上了最初的烙印。父母的性格、教育方式、教育观念，孩子在家庭中所处的位置以及所扮演的角色等对一个人性格的最终形成有非常重要的影响。从这个意义上说，家庭是制造性格的工厂。

所以说，给孩子一个良好的成长环境是让孩子健康成长的关键。瑞典教育家爱伦·凯指出：环境对人的成长非常重要，

良好的环境是孩子形成正确思想和优秀人格的基础。下面这个故事也充分说明了家庭环境对人的性格形成影响之大。

崔女士在一家私企当主管，手下管着几十个人，工作很繁忙，免不了发脾气，而她也经常将工作中的坏情绪带回家。

这不，她回家看见丈夫居然在看报纸，也不做饭，就有点不高兴了："蕾蕾一会回来饿了怎么办？你怎么不做饭？"

"我怕我做了饭，你们母女俩又不合意，那不找骂吗？"丈夫一脸委屈的样子。

崔女士一听更生气了："你别总是为自己的懒惰找借口，我一天那么忙，你怎么就不能为我想想。"

夫妻俩吵了一会儿，蕾蕾回来了。

"爸妈，我饿了，怎么还不做饭？"蕾蕾看见爸妈没做饭，还在吵架，就不高兴了，一把把门摔上，看自己的书去了。

"这孩子怎么了，现在怎么脾气这么坏了？以前可不是这样，我去跟她评评理，这是什么态度？"崔女士很是生气，正想冲进女儿的卧室，教育女儿一下，被丈夫一把拉住。

"其实都是我们俩的问题。我们情绪不稳定，孩子在这样的环境下生活，怎么能做到心平气和……"崔女士觉得是这么个理儿，气也就消了。

这个案例告诉我们，家长应该给儿童一个轻松有爱的家庭环境，只有在这样的环境中，才能教育出脾气好、修养好的孩子。

每个儿童，只有在温馨、和谐的家庭环境下，才会感觉到轻松、安全、心情舒畅、情绪稳定，从而形成良好性格。因此，从这一点看，家庭中的父母长辈，也都应该以快乐的情绪生活，并为儿童建立一个温馨和睦的家庭氛围。

父母们要记住：孩子的优秀品行不是从天上掉下来的，而是适宜的环境条件培养出来的。曾经有专家对一批婴幼儿进行跟踪调查，调查表明，那些生长于和谐、温馨的家庭氛围中的儿童，有这样一些优点：活泼开朗、大方、勤奋好学、求知欲强、智力发展水平高、有开拓进取精神、思想活跃、合作友善、富于同情心。

而另外有一项调查，少管所中的不少儿童生长于父母不和，甚至离异，家中经常吵架、全然无视子女教育的家庭。

家庭成员间的关系如何，会对儿童在以下两个方面产生影响。

那些幸福、温馨的家庭中，成员之间是互相信任的。在这样的环境中成长，孩子终日耳闻目睹，潜移默化地学会了热情、诚实、善良、正直、关心他人等优良性格品质。

另外，在这样的家庭环境中，成员之间是互相爱护的，对

于儿童也是疼爱有加的，家长除自己的学习和工作外，有更多的精力关心儿童。这样的家庭环境有利于儿童的智力开发，知识经验和积累以及能力的提高。

为此，教育心理学家给我们的家长提出建议：

1.为儿童营造和谐的家庭环境

父母、家庭成员之间相亲相爱、关系和谐，这是解决孩子所有心理问题的前提。在这样的环境下成长的孩子出现心理问题的概率也更小。因此，家长应为孩子提供一个安定、和谐、温馨的家庭氛围，要让孩子一颗纷乱的心安定下来，这样儿童才会接纳来自父母的帮助。

2.无论遇到什么事，家长都要情绪稳定

居家过日子，家庭矛盾在所难免；人际交往中也可能出现矛盾，但不可把不良的情绪带回家。家长有空闲时还可以陪儿童一起玩耍、散步，在家里多谈些轻松愉快的逸闻趣事，说些孩子感兴趣的影视剧、体育等话题。

我们的孩子犹如一株花苗，在一个和谐的家庭中才能健康地成长，才能含苞待放。为了孩子，也为了全家的幸福，父母应该保持情绪稳定，从而为孩子创造一个良好的成长环境。

总之，良好的家庭情感，和谐的家庭气氛可给儿童良好影响。每一位家长都应从儿童形成优良的个性品质、健康发育成长的责任出发，营造一个温馨和睦的家庭环境，以利于儿童成长。

爸妈离婚了，我该怎么办
——父母与儿童如何谈离婚问题

这天，在心理咨询室，有个10岁的男孩来寻求医生的帮助，他说："这一年，家里发生了很多事。一年前，我就发现爸爸妈妈不像从前那么亲密了，他们经常吵架，有时候爸爸不回家，妈妈就哭到深夜，夜里我起来的时候还听见她的抽泣声，我不知道怎么帮助她。终于，前几天，他们把我叫到旁边，然后告诉我，他们离婚了。然后他们说，他们会继续供我读书……我听完后好难受，真想跳楼自杀，我以后怎么办？为什么不能和从前一样一家人开开心心地生活呢……"

任何一个处于成长期的孩子都希望有一个完整的、和谐的家庭，希望父母相亲相爱。在这样的环境下成长，他们也才会真正的快乐。父母关系破裂、离婚对于心智尚未成熟的孩子来说，确实是一个不小的打击。但父母也有追求幸福的权利，所以，一些父母会产生疑问，难道要为了孩子选择维持名存实亡的婚姻吗？当然不完全是，对于尚能挽救的婚姻，父母要努力经营，但如果到了非要离婚的地步，就要多为孩子考虑，尽量把即将带给孩子的伤害减到最小。不过一些家长懊恼的是，孩子还小，与他们谈父母离婚问题，难度很大，稍有不慎，就有可能对孩子的身心发展造成不利的影响。

小刚是个很可爱的孩子，他原本生活在一个衣食无忧的家

庭里，他的爸爸是一家公司的高管，妈妈是家庭主妇，但就在他初一的时候，命运和他的家庭开了个玩笑——他的爸爸妈妈离婚了，原因是爸爸出轨。后来，小刚由妈妈独自抚养。妈妈把全部希望都寄托在小刚身上，要他好好读书，日后成为一个有作为的人。

虽然妈妈对小刚寄托了很大的希望，自己省吃俭用供小刚读书，但是小刚的成绩总是很差。妈妈想尽一切办法帮助小刚，可还是不见起色。后来经过观察，妈妈发现这跟自己的家庭氛围有关。妈妈性格内向，加上小刚的爸爸妈妈离婚，还有生活的压力，所以总是愁眉不展，家里总是笼罩着一层沉重的气氛。小刚的爸爸也偶尔会来看望小刚，但和妈妈说不到三句话就开始吵架。在学校的时候，小刚也能感觉到周围的人都在嘲笑他，久而久之，小刚的心灵蒙上了阴影，有了沉重的心事。

在我们的生活中，很多离异家庭的儿童都有小刚这样的表现，因为父母在离婚的时候，没有与他们进行良好的沟通，儿童的内心蒙上了阴影。

那么，针对离婚问题，我们的父母要如何与儿童沟通呢？对此，教育心理学家给出几点建议：

1.在儿童面前要表现得宽容，告诉孩子即使父母离婚也会继续爱他

父母离婚，无论是出于什么原因，都不要在孩子面前互相抱怨或者攻击对方，让孩子认为你们之间存在仇恨，反之，你们要在孩子面前表现得宽容。父母矛盾不断，只会让孩子感到

矛盾，不知道谁是对的，谁是错的，内心矛盾不安，人格成长受到影响，甚至心理问题。

2.对于儿童的教育问题，父母要共同协商

（1）经济方面：孩子在成长，无论是衣食住行还是接受教育都需要物质基础。即使父母离婚了，双方都依然有照顾未成年孩子的不可推卸的责任，当然，也不要因为对孩子感到亏欠而过分地满足他、对他的物质要求来者不拒，这样只会有损于孩子的成长。

（2）孩子成长中的重要事件：对于孩子成长中的诸多事宜，如什么时候读幼儿园、小学去哪里读、孩子学习成绩差要不要请家教、大学要读什么专业、以后出不出国等问题，父母最好共同协商。而一些有仪式感的时刻，如孩子小学毕业典礼、第一次参加儿童节节目等，父母尽量都要参加，要让孩子感受到即使父母离婚，对他的爱一点也不会减少。

3.经常参加孩子在学校的活动

在孩子的学校生活中，少不了一些公共活动，如家长会、运动会。在家长看来，这可能是无关紧要的小事，但却是孩子成长过程中的大事。在这样的一些时刻，父母最好都在场。孩子的生日，父母更要与孩子一起庆祝。这样，你的孩子就会明白，父母离异是他们自己的事情，他并没有因此失去父母。

4.了解孩子的精神需求

我们养育孩子，并不是只给孩子吃饭、穿衣，父母还要对他们精神层面的需求给予充分满足。

5.离异的父母要充实自己的生活

离异的父母如果不打算再婚的话,最好也有自己的工作或者其他兴趣爱好,也可以找一个伴侣,这样,你才不会因为空虚而把所有精力放到孩子身上,以至于给孩子造成太大的心理负担。也有一些父母认为不再找伴侣是对孩子好,其实不然。一个没有正常情感,生活不快乐的人很难保持自我身心的平衡,不免将自己的不快乐情绪转嫁给孩子,反而不利于他们的健康成长。

当然,以上几点建议考验到了父母的综合素质。如果一些父母认为自己无法面临离异后对孩子的教育问题的话,可以咨询专业人士、获得他们的帮助,只有首先让自己尽快恢复正常生活,才有足够的心理能力不让孩子承受父母离异的痛苦。只有快乐的人,才能培养出身心健康的孩子。

家庭氛围太压抑了

——无论如何不要对儿童使用冷暴力

随着社会的进步,人们的生活水平不断提高,人与人之间的交流却少了,在我们心灵的港湾——家中同样也是如此,冷暴力的现象越来越多地出现在家庭中。那么,什么是冷暴力呢?

第06章 相亲相爱，引导儿童与家庭成员互敬互爱

所谓冷暴力，是暴力的一种，它的表现形式为冷淡、轻视、放任、疏远和漠不关心。冷暴力会导致他人精神上和心理上受到侵犯和伤害。有些父母总是用自己的想法来要求孩子，孩子一旦达不到自己的要求便对孩子冷眼相向，不理不睬。孩子犯错时从来不会给孩子温和的言语和笑脸。受到父母的影响，孩子在与人交流的时候也不会太过友好。我们可以说，家庭冷暴力对于孩子的社交能力的获得会造成严重的负面影响。儿童会认为家长对待自己的方式也会是别人对待自己的方式，所以他们会渐渐地疏远所有的人，把自己孤立起来。

俗话说："天下无不是之父母。"父母做的决定都是为了孩子好，他们无意去伤害自己的孩子，但是有的时候有些决定的后果却不是父母能预料得到的。有时候面对冷暴力，孩子未必能理解父母的良苦用心。他们只会被这种冷暴力伤害得更深。

小磊今年6岁，刚上一年级。他是个好孩子，一直很听话，但是最近小磊的爸爸却发现小磊每次放学都不按时回家了，有很多次甚至是等到天黑透了才回家。

小磊的爸爸十分生气。这天，小磊的爸爸觉得自己再不管小磊就要学坏了，于是他不管三七二十一就把小磊狠狠地批评了一顿，事后也没有给小磊解释的机会。一天，小磊在茶几上写作业，他爸爸正在看报纸，突然电话铃响了，是小磊的老师。老师跟小磊的爸爸说，他们最近搞了一个课外辅导班，成绩好的学生在课后帮助成绩差一点的学生，尽快地帮他们提高

成绩，小磊最近几天之所以回来那么晚不是贪玩，而是在帮助同学。小磊很开心地跟爸爸说："爸爸，我没有去玩儿，我是在帮助同学。"小磊原本以为爸爸会向自己道歉，但是没想到爸爸说："就你还去帮助别人，你还是得了第一名再去帮助其他的同学吧。"

小磊因为爸爸的冷嘲热讽开始变得郁郁寡欢，每当他想要帮助同学的时候，爸爸冷嘲热讽就会在脑海中回响。后来，他再也不敢帮助同学了，和同学的关系也开始疏远了起来。而且小磊从听到爸爸说"你还是得了第一名再去帮助其他的同学吧"这句话的时候起，就觉得爸爸对他不满意。他的心理压力特别大，成绩也受到了影响，和爸爸的关系也越来越僵。

其实，家长想要更好地教育孩子就要及时地跟孩子沟通，及时了解他们心中所想。在自己的心中积极地摒弃冷暴力。只有父母和孩子建立了良好的沟通渠道，父母才能更好地引导孩子。而且父母在向孩子提出更高的要求的时候一定要讲究方法，要比以往更有耐心。不要对孩子使用冷暴力，否则孩子不仅不能达到更高的要求，还有可能进行自我封闭。所以家长教育孩子的时候使用冷暴力，就会得不偿失。

家长在教育孩子的时候使用冷暴力，会让孩子心灵走向南北极。不仅不能达到教育孩子的效果，反而会让孩子觉得父母不爱自己，更不愿意与父母沟通，从而影响亲子之间的关系。

那么，作为父母，你是否了解冷暴力对孩子的伤害？

1.冷暴力会影响儿童的性格发展

长期生活在父母的冷暴力下的孩子，性格会变得冷漠、孤僻，即便上了学，也不愿意与同学们交流和玩耍，缺乏合作意愿与能力，表现得自卑，严重的可产生抑郁、焦虑等心理障碍。

如果孩子所处的家庭冷暴力很严重，那么，久而久之，孩子的内心就会变得越来越冷漠，心理防线很强，不愿意与人分享自己的事情，也不关心别人的事。他们很难融入集体中，未来也无法融入社会，这样的孩子在未来怎么可能有好的发展呢？

2.冷暴力会扭曲儿童的心灵

如果孩子长期处于冷暴力的生活环境中，久而久之，你会发现，无论你的孩子是男孩还是女孩，都会变得敏感、不轻易信任他人，外表冷漠，内心自卑又缺乏安全感、生活自闭，这对于孩子的成长是极其危险的。

3.冷暴力会影响儿童未来的婚姻家庭生活

如果孩子从小就生活在一个充满冷暴力的家里，那么，随着他们年纪的增长和组建自己的家庭，他们也会把自己的一些负面情绪带到以后的感情生活和婚姻里面去，尤其是在自己遇到争吵的时候，他也会采用冷暴力的方式去解决问题，进而导致恶性循环，他们的孩子也会受到影响。

总之，父母教育孩子的方法一定要得宜。如果父母总是对孩子使用冷暴力，那么孩子就不愿意把自己内心的想法告知父

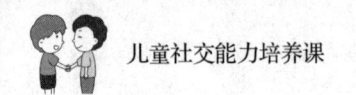

母。这样做不仅影响孩子和父母之间的关系，还会让孩子患上心理疾病，这样的孩子还怎么参与人际交往呢？

我需要爸妈的关心
——让儿童知道，父母永远是爱他的

人活于世，我们都需要爱，这是安全感和归属感的一种，人来到世界上，最初的需求是感受到来自生育了我们的父母的爱。随着我们不断成长、与社会的接触逐渐增多，我们的归属感需求就更强烈，但在与人交往的过程中不免受到伤害，比如被人不留情面地批评，或者感觉被人排斥。当孩子压力过大或者精神极度疲劳时，父母要让孩子知道，父母永远是爱他的，是他最强有力的精神支撑。

孩子毕竟是孩子，当他们失意时，需要父母的安慰和庇护。而如果我们不能满足孩子的这一心理需求，孩子得不到心灵的庇护，他们就有可能通过其他途径获得，他可能去向那些根本不想取悦他的人寻求庇护，并可能通过危险的甚至非法的方式获得乐趣和身份认同。很多孩子离家出走、误入歧途就是因为得不到父母的认同和慰藉。

对于儿童来说，他们虽然已经有了一定的独立意识和自我认知，但是他们依然需要来自父母的爱。作为父母，我们要让孩子感受到爱，他们才会大胆地去成长，去实践，也才愿意把父母当成朋友。

那么，在教育中，我们该怎样让儿童感受到来自父母的爱呢？

1.和孩子保持交流

交流沟通能力在促进人们社交健康、情感健康和个人成功方面起着关键作用。如果父母不与孩子交谈，孩子可能将之理解成对他的忽视。家庭中的沉默会给孩子的自尊、自我价值感以及他对未来家庭关系的信任带来毁灭性的影响。

孩子在生活中受挫的时候，需要父母的鼓励，否则会产生严重的挫败感。家长应该接纳你的孩子的感受，这样一来，他就可能学会接纳、控制、喜欢或者应对自己的感受。另外，家长也可以鼓励孩子放松地表达自己的想法："我现在心情不

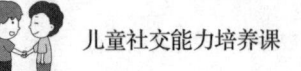

好,我想得到一些安慰。"

2.做他最后的庇护者

当你的孩子正处于困难时期,当他再也无法忍受、精疲力尽无法继续伪装坚强之时,他需要一个藏身之所。某个地方,某个人,成为了他最后的庇护所。在这里,他展示真实的自我;在这里——至少在很短的一段时间,没有人要他负责任,他可以被无条件地接受。在这里,他可以真正放松下来,因为他知道,有人愿意暂时分担他一时的负担,让他得到解脱,是他坚强的后盾。

父母应该是孩子最后的庇护所,父母应该成为孩子最后的庇护者,因为父母对孩子非常重要。虽然在某些时候或情况下,家长可能觉得自己缺乏足够的情感储备,不能为孩子们提供其所需要的慰藉。这个时候,你不用对你孩子说些什么或者做些什么,而应该好好考虑一下,除了与他保持亲近外,他是否还需要你为他做些什么。要让他恢复对自己的信心,其实并不需要付出太多的努力。

(1)当你的孩子请求原谅时,请接受他抛来的橄榄枝,并尽力忘记那些不愉快的事情。

(2)为他提供庇护,并不意味着你永远对那些已经发现的有问题的行为视而不见、不理不睬。

(3)积极主动,想他之所想——预见他的感受,如果你认为他需要,主动给他以安慰。

(4)在没有压力的寻常时间里,找个机会开诚布公地告诉他,在他需要的时候,家永远是他最后的庇护所。

3.给面临压力的孩子以支持

压力不仅困扰着成年人,事实上,孩子面临着双重的压力。一方面,他要承受来自自身生活中的事件,比如欺凌、学业压力和交友问题的压力。另一方面,他还受到心事重重、缺乏忍耐的父母所面临压力的间接影响。面对压力,他们可能比成年人更加迷茫而不知所措。

一位母亲说:"我过去认为我孩子挺好的。尽管他孤独了些,但他看起来生活得不错。我的生活也还行。我们之间交谈不多。后来,孩子进入小学后,他开始逃避一切事情。如今他不学习,整天关在家里,也不说话。我们的生活真的是一团糟。"

这个孩子的表现是压力过大造成的。如果你的孩子长时间地难过或者郁郁寡欢,超出了你的预期,或者变得富有攻击性,离群索居或者不愿与人交往,睡眠不安,注意力不集中,或者过分依附他人,这时,他可能正感到痛苦难过,需要你对此采取一些行动。此时,家长必须做到采取一些慰藉他的行动,你可以及时告知他事情的变化及做出的决定,以便他感觉到没有失去控制。保持生活的常规不变,以强化他的安全感。

孩子毕竟是孩子,他们需要父母的精心呵护;只有给予他足够的爱,他才会理解爱的内涵,才会积极健康、乐观向上地成长,这不正是父母所希望的吗?做孩子坚强的精神后盾,他们才能自信十足地参与社会交往,他的成长才有保障!

爸爸妈妈不要打压我

——儿童在社交中的自信来自父母的肯定

望子成龙、望女成凤是父母最大的心愿，每位家长都希望自己的孩子能够出人头地，成为社会上的有用之人。在这一殷切的希望下，不少父母在儿童还在幼儿园时就严加管教他们，他们总是盯着孩子的缺点和不足看，认为这样能督促孩子进步，结果却适得其反。在父母长时间的打压下，不少儿童认为自己毫无优点，甚至产生严重的无用感。这些孩子有这样一些表现：有些孩子在人群聚集的场合无法参与谈话，想表达自己心里的想法，但又张不开口，甚至害怕自己的发音不准。他们开始讨厌自己，认为自己很没用，在整个交际过程中，他都处于一种紧张的状态。这些孩子往往十分脆弱、常常自卑、又极力压抑自己的恶习；他们摆脱不了挫折的阴影，或者干脆躲在阴影中看这个世界。

其实，家长都希望教育出勇敢、坚强的孩子，但这首先需要我们对孩子的肯定，这样，他们才有勇气正视自己的优点，也才能发挥自己的价值。

吴老师最近遇到一个家长，这位家长在离学校不远的某单位上班，她每天都等吴老师下班，然后跟吴老师一起回家。其实，吴老师明白，她是想跟她儿子的老师多聊聊。

一路上，吴老师总是听到她在埋怨她的儿子，基本都是

第06章 相亲相爱，引导儿童与家庭成员互敬互爱

情绪发泄。而其中很重要的一条就是，她的儿子自从上了初一后，好像开始把家只当成一个睡觉的地方，也很少和父母交流，平时让他做什么，也只敷衍了事。

吴老师一直听着，等到她讲完后，吴老师就反问她："其实，你遇到的这个问题，我听不少家长说过。孩子到了青春期后，独立性增强，他们比从前更需要肯定和理解，先不说这个，你说说你儿子的优点吧。"

"吴老师，您真会开玩笑，他哪有优点，他身上都是缺点。"

"是吗？您儿子是我的学生，我比较了解，你儿子学习成绩很好啊，对人很有礼貌，长得也很帅，乐于帮助人等。"听着吴老师的话，她一一点头。

"现在，您应该知道您的儿子为什么不和您说心里话了吧。家长只有把孩子当朋友，了解孩子，理解孩子，尊重孩子，并看到孩子的闪光点，和孩子心连心，孩子才会愿意和你打开心扉。"

从那天以后，这位家长再也没为儿子找过吴老师。

生活中，有多少家长和案例中的这位家长一样呢？儿童在成长的过程中，最需要的是来自父母给予的安全感，而这一份安全感的重要表现就是来自父母的肯定。如果我们紧盯着孩子的缺点和不足看，无疑是对儿童自信心的打击。为此，儿童教育心理学家建议我们父母做到：

第一，要用发展的眼光看待孩子。古语有云："士别三日，当刮目相看。"历史经验值得汲取。任何人、任何事都不

是一成不变的。我们的孩子也是在不断进步的。而同时，孩子对于父母的态度是很在意的，假如你的孩子进步了，你一定要赞扬他，而不是用老眼光来看待他的缺点。

圆圆和芳芳是很好的朋友，今年他们上初一，且被分到了同一个班。这天，芳芳来圆圆家玩，圆圆妈妈就留芳芳在她家吃饭。吃饭期间，自然提到了其中考试成绩的问题。芳芳说自己这次考试满分。

一听到芳芳这么说，圆圆妈妈就开始数落圆圆了："你就不能和芳芳学学？她怎么就那么优秀，你呢，上课注意力不集中，不专心听讲，又不求上进，怎么能取得好成绩？回房间去好好想想去，我不想看到你这个样子。"

虽然不是第一次遭妈妈训斥，可圆圆觉得好没面子，只好自己回了房间。

其实，我们的生活中，很多孩子都有过圆圆这样的遭遇。一些父母，根本看不到孩子的进步，总是拿孩子的缺点说事，并且，还当着其他人的面，这让孩子的自尊心受到严重的伤害。

明智的父母则不会如此，他们会看到孩子身上的点滴进步，在孩子有任何一点的进步时，他们都会夸奖孩子，让孩子感受到父母对自己的爱和关注。

每一个父母在教育孩子时，都要告诉孩子，只要他努力了，无论成绩如何，都是好孩子。

事实上，孩子对于自身的进步也是十分敏感的，他们最希望得到的是来自父母的认同，如果我们总是负面评价孩子，对孩子的进步却毫不在意，那么，久而久之，孩子便不愿意向父母敞开心扉了。如果父母能够及时发现孩子的进步并进行表扬，孩子的心灵就会得到阳光的沐浴，进而敞开心灵，把父母当成最好的朋友。而融洽的亲子关系是家庭教育最基础的保证。

第二，要全面地看待孩子。有时候，我们只看到了孩子的某个方面或者某些方面，而没有全方位地了解孩子。你发现没，你的孩子虽然学习成绩不好，但他的人缘却很好，别人总是愿意和他交朋友，对于这点，你夸赞过他吗？

第三，要客观地看待孩子所做的事。无论你的孩子做了什么，你都要从事情本身评价，不做人身攻击。

在社会心理学中，有"刻板印象"的概念，它是对人的一种固定而笼统的看法。家庭教育中，我们要看到孩子点滴的进步，要学会从多方面、用发展的眼光看待孩子，只有这样，才能加深亲子间的关系，进而促进家庭教育的顺利进行。

第四，给孩子适当的鼓励。在生活中要注意并善于发现孩子的优点和点滴的进步，并不失时机地给予肯定和表扬。不要总拿孩子的缺点和别人的优点作比较，更不要贬低孩子。不管你的孩子表现如何，都不能随便作出"没有出息"之类的负面判断，也不能任意给孩子贴上"窝囊废"之类的灰色标签。不要单纯地用貌美、聪明、学习成绩好等夸奖来满足孩子的自我表现欲，而要尽可能地在具体的不同层次上让孩子看到自己特有的优势。要教育孩子重视自己每一次的成功。成功的经验越多，孩子的自信心也就越强。要让孩子知道，只要付出，就会有收获；付出得越多，收获得就越多。

第07章
尊敬师长，师生关系对于儿童成长有着不可替代的作用

中国自古以来是尊师重教的国家，而尊师是重教的前提。教师是辛勤的园丁，家长把儿童送到学校以后，老师就费尽了心思，帮助儿童获得良好的教育和知识，而儿童与教师的关系如何，不仅关系到儿童的身心健康发展，也关系到儿童的学习状况，更涉及儿童的性格形成。因此，我们要引导孩子学会尊重老师，维护老师的威严，做一个爱老师、敬老师的好学生。

上课捣乱老师不喜欢

——告诉儿童遵守课堂纪律是对老师最大的尊重

每个孩子,都要离开家庭、步入学校,参加学校的学习活动,如果孩子不遵守课堂纪律,课堂就是一盘散沙。然而,不少父母有这样的苦恼:孩子在课堂上总是违反课堂纪律,不但自己不认真学习,还打扰了别人,这让家长和老师都十分烦恼。对此,我们要配合学校工作,为孩子制订规矩,只有这样,孩子才能认真学习。

"我真不知道您的儿子是不是有多动症,他这样总是捣乱,我没法上课,也影响了其他同学,希望您回去好好和他沟通一下。"一位老师义愤填膺地对某家长说。

"我这个月已经是第五次被老师请到学校了,我儿子上课要么不听讲,要么和同桌讲悄悄话,更为严重的是,一次他居然把篮球拿出来,和几个男生一起玩起传球,那个新来的英语老师被气得半死。"一位父亲说。

其实,不少老师都遇到过这样不遵守课堂纪律的孩子,只不过有的老师能"镇"得住学生,而有的老师天性温柔,就难免会受一些学生的"不敬"。我们做父母的,除了关心孩子平时的学习成绩，也不要忽略了培养孩子的行为举止，而第一点就是遵守课堂纪律。

一般来说，孩子在课堂上不能注意听讲大约有三种表现：

第一，这些孩子不听讲，但都是"自己玩自己的"，也就是不会影响到老师上课，也不会影响他人听课，但却在座位上做小动作，比如，玩文具、听音乐、看课外书等。

当然，这类孩子不听讲并不是为了让老师生气，而是因为他们根本无法听进去老师上课的内容或者根本听不懂。

第二，一些孩子自己不听讲，还影响周围其他的同学。这类同学似乎永远有说不完的新鲜事，甚至绘声绘色地为周围其他同学讲述，有的同学碍于面子或者同样有话要说，也有的同学自言自语，这些都造成课堂学习中的一种噪声，既严重干扰了老师的课堂教学，又严重影响学生的学习效果。

第三，一些同学自己不听讲，还在课堂上大声喧哗，甚至随便离开座位、打闹，极大破坏了老师的课堂教学及学生的课堂学习，老师经常不得不中止教学维持课堂纪律。

对于这种孩子的这些情况，家长要明白，这是极度缺乏教养的，必须要给予干预。孩子进入学校，就要遵守学校的规章制度，只有这样，教师的教学工作才能进行。同时，遵守课堂纪律，也是对老师最基本的尊重。

那么，具体来说，我们该如何教导孩子遵守课堂纪律呢？

1.告诉孩子遵守课堂纪律是学生的基本责任

作为父母，我们要告诉孩子，学生在课堂中必须要守好学生的本分，如遵守课堂纪律、认真听讲，这些都是一个学生素质好的体现，不遵守课堂纪律，会让其他同学厌恶。

2.培养儿童尊重他人的意识和习惯

我们要让儿童明白，友谊是一笔宝贵的财富，而要获得友谊就要懂得从他人角度考虑，就不能不遵守课堂纪律。

实际上，由于家庭教育的缺失，尤其是父母的溺爱，很多儿童自私自利，不愿意为他人着想，这对儿童成为一个合格的社会人是极为不利的。在现实生活中，自私、自利的儿童并不少见。这样的人，是很难与他人形成良好的人际关系的。所以，从小克服儿童的自私，培养他与他人分享的意识很重要。

3.建议老师对孩子进行一些教育方法上的调整

一般来说，老师都比较厌烦学生犯错误，尤其是那种上课捣乱的孩子，老师一般都会采取罚站、当众批评、叫家长的方式来处罚他。然而，这时期的孩子已经有了面子问题，这些方法只会加剧孩子的对抗心理，甚至令孩子产生厌学情绪。

因此，父母不仅不能接受教师的惩罚方法，更要建议老师寻找新的解决问题的方法，要给予孩子更多的理解与支持，与其建立良好的沟通。

另外，在教学方法上，可以建议老师让孩子多进行一些自主性学习，课堂教学正发生着"静悄悄的革命"，不论是"自主学习""合作学习""探究学习"，还是"洋思经验"中的先学后教、当堂训练的课堂教学模式等，都有助于孩子更好地参与到课堂过程中。

4.不要给予孩子过大的学习压力

父母过分看重学习成绩，这对于孩子来说是一种无形的压力。很多孩子发现，当他们学习成绩下降，父母常常是老账新账一起算，把孩子学习成绩下降归结为玩得太多、学习不认真等，甚至骂孩子"蠢""笨"等，这只能导致学生的对抗情绪。在课堂上，他们没有学习的动力，逆反心理会再次使得他们不认真听讲。

实际上，要想让儿童很好地遵守课堂纪律，这在很大程度上取决于老师对学生的态度及师生关系。如果老师能真正关心、爱护学生，学生不仅会遵守课堂纪律，还会维护、支持老师的工作，帮助老师维持课堂纪律。

孩子在学校不遵守课堂纪律，我们要与学校和老师一起努力，帮助孩子纠正不良行为，并制订成规矩，让孩子爱上课堂，爱上学习！

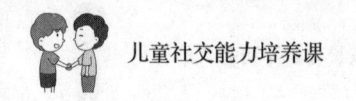

老师太累了
——告诉儿童不要打扰老师休息

我们都知道,中华民族素有"礼仪之邦"之称,而中国人素来尊师重道,老师是"传道受业解惑"的代表,教人为人处世的行为规范,是道德的表率。《礼记·学记》中说:"师严,然后道尊;道尊,然后民知敬学。"尊师才能重教,儿童只有树立对于教师行业的尊敬,才能更好地参与学习、重视学习。

因此,在家庭礼仪教育中,父母要告诫儿童要尊师,其中重要的一项就是体贴老师,不能打扰老师休息,而这一点,自古就有"程门立雪"的先例。

北宋有一名理学家,叫杨时,他曾有一段求学的故事广为流传。

杨时4岁入学,7岁写诗,8岁就能作赋,是人们口中的神童。一次,杨时在与自己的同窗游酢就一个问题讨论时产生了分歧,为了找到正确的答案,杨时想向他的老师程颐求教。而到了那里,程颐老师靠着火炉睡着了,为了不打扰老师休息,他们恭恭敬敬地站在门外等着。

过了很久,老师醒来看见杨时与同窗游酢正毕恭毕敬地侍立在外面,连忙说:"你们二位有什么事?快请进来吧。"他们才进门。此时,门外漫天大雪,地上积雪已有一尺多厚,杨时和游酢全身都白了。

第07章 尊敬师长，师生关系对于儿童成长有着不可替代的作用

从此，"程门立雪"就成为尊师重教的美谈而流传了下来。

现今社会，学校的教学制度与古代不同，现在学科更加复杂，学校范围更大，老师人数也更多了。通常来说，老师都是集体办公室，一间办公室内有很多老师在批改作业、静心工作，如果学生随便进进出出，不但不礼貌，还会打扰老师。

再说，老师在办公室里要处理的事情也很多，可能在看书，在批改作业，在研究教材，在和家长或学生谈心，在拟考试卷等。在这种情况下，一个学生贸然闯进教师的办公室，不仅有失礼貌，而且可能影响甚至妨碍好几位老师的工作。

因此，学生进入教师办公室必须敲门，或喊报告，要事先征得老师同意后方能进入。

另外，老师在办公桌上放置的作业本、教科书，学生随便乱翻，也是对老师的不尊重、不礼貌，也是对自身的思想品德不爱护的行为。所以，对老师的东西，学生是不能乱翻的。

教师办公室是老师工作和休息的安静环境，学生在那里逗留过久是不适宜的：

首先，很多老师，白天时间不够用，还得把一叠叠学生作业本带回家，在处理好家务之后再工作。如果学生在办公室内逗留久了，就会耽误老师的更多时间。由此可以看出，学生不在办公室久留，就是学生对老师的关心和爱护。

其次，由于工作头绪多而且繁忙，多数老师的时间安排都是有计划的，而且排得很紧。如果学生在办公室逗留久了，就会打乱老师的时间安排。

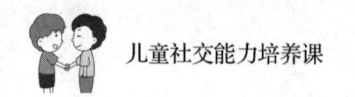

最后，现在教师的办公室多数是好几个人合用的。如果学生在办公室逗留时间过久，往往还会影响其他老师的工作。

作为对老师的尊重，学生在向老师告别时，应遵循一定的原则：

（1）与老师沟通或者请教问题，如果你的问题已经得到解决，学生应向老师表明对所问的问题已经理解，并向老师道谢。若是坐着谈的，应起立把凳子放回原处，而后向老师微微鞠躬或道声"再见"，然后离去。

若老师起立目送学生，学生应请老师坐下。若老师举步要送学生出办公室，学生应请老师留步。学生切不可事一完就自顾自奔跑出办公室。

（2）若是老师找学生谈心，谈心结束后，学生应向老师表示："明白了""理解了"或"想通了"。然后问老师："可以走了吗？"当老师同意了，学生方可离去。

（3）若老师所讲的问题，学生尚不理解，或还有不同看法，或问题才讲到一半，上课的预备铃已响了。在这种情况下，学生应与老师约定继续谈话的时间，然后离去。

老师错了就不能说吗

——告诉儿童，挑老师的错也要把握分寸

儿童到了一定年龄后，就要进入学校学习，随后他们接触的最为权威的人就是教师了。然而，老师也是人，也会犯错，比如，教学错误或者误解了孩子等。而此时，如果我们的孩子顶撞老师或者嘲笑老师，都是没有素养的表现。我们要告诉孩子，即使反驳老师，也要注意言辞，反驳的时候要注意分寸，注意礼貌。一般来说，老师都是明理的，在发现自己的错误后，一般都会及时更正。我们先来看下面的案例：

陈先生是一位单亲爸爸。女儿现在已经10岁了。单亲家庭的孩子不好带，陈先生一直身兼母职，既要工作又要带女儿，但他不怕苦，他最担心的是女儿丹丹的学习问题。

丹丹严重偏科，通常来说，丹丹在语文和英语这两门课上，都能考到高分甚至经常拿第一名，但数学却一窍不通，即使陈先生经常告诉丹丹："学好数理化，走遍天下都不怕。"但丹丹对数学还是提不起兴趣。后来，陈先生通过了解才知道，丹丹最讨厌班上的数学老师，而这件事，则因为半年前数学老师对女儿的一次"管教"。

那天，陈先生急急忙忙下班回家，就开始做饭。随后，女儿回来了。一进门后，女儿就把书包重重地摔在桌子上，陈先生不解："怎么了，这么大脾气？"

"没事，做你的饭吧，我不吃了。"说完，女儿又拿着书包回了房间。

晚上，无论陈先生怎么哄，女儿都不肯吃饭。

陈先生这才想起来，自打那次之后，女儿好像就不怎么做数学题、看数学书了，后来，陈先生找丹丹的数学老师沟通

过,原来事情是这样的:上课的时候,丹丹觉得老师演算的一个公式不对,就站起来直接说:"你这个公式不对。"而老师反复求证,是对的,但丹丹就是不依不饶,最后老师让她坐下,她一气之下就收拾书包回家了。

很多孩子都与老师发生过不快,如被老师误解,和老师在知识点上有分歧,此时,若学生与老师真诚沟通,便能很快消除分歧,然而,似乎不少学生,尤其是年纪较大的学生,和案例中的丹丹一样,对老师表现出对抗,甚至大发脾气,导致与老师的关系变僵,影响自身的学习。

那么,作为父母,对于这一问题,我们该如何解决呢?

1.家长一定要保持冷静

要做到这一点,我们需要不断提醒自己:孩子的行为并非针对个人,只是情绪化而已,因此,即使你的孩子把坏情绪带到家中,你也要给其发泄的机会,而不应该硬性压制。要避免争吵。对于情绪中的孩子,争吵只会激化矛盾。

2.对于老师对儿童的不恰当的管教，家长要与老师沟通

这里的"不恰当"，一般指的是老师对学生的误解，比如，误认为孩子偷了东西或者片面地认为孩子打架的原因在一方。

另外，很多学校老师对儿童实行"保姆式"的管教方式，一些年纪较大的孩子很容易对老师的这种教育方法产生反感情绪。对此，我们可以和老师沟通，让老师明白儿童的行为并非故意，而是缘于儿童的逆反心理，搞清楚事情的原委，能帮助孩子和老师化解误会。

3.告诉儿童正确对待老师的不足，委婉地向老师提意见

在有些学生看来，老师就应该是完人，老师不应该犯错。实际上，这种想法是不正确的，老师也是人，也会犯错，也会有失误。

其实，根本不可能存在没有缺点的人。老师不是完美的，如果他有的观点不正确，或误解了某个同学，甚至有的老师"架子"比较大，或是太严厉，这都是可能的。心理学的研究发现，人们只会对没有缺点的人敬而远之。

作为父母，我们要告诉儿童："对老师的不足要持理解态度，向老师提意见语气要委婉，时机要适当。相信，老师会感激你的指正。

如果老师冤枉了你，不要当面和老师顶撞，这样不但无助于问题的解决，还会恶化师生的关系。暂且忍一忍，等大家都心平气和再说。不管怎么说，老师是长者，做学生的应该把他们置于长者的位置，照顾老师的自尊心和面子。"

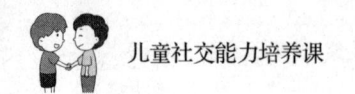

4.对被老师误解和惩罚的儿童,要从家庭角度给其安慰

可能你的孩子会觉得,被老师惩罚是一件很丢人、伤心的事,此时,你要让儿童知道,家庭永远是保护他的地方,父母是他温暖的港湾。创造一个安全的家庭气氛对成长期的儿童至关重要。

你可以鼓励你的孩子:"看得出来,今天你受了委屈,能跟妈妈(爸爸)说说吗?"这句话,会让你的孩子感受到你的关心和理解。

总之,对于成长中的儿童来说,我们要让其明白,尊重老师是一个学生最基本的素质。同时,我们也一定要对孩子多加关心,并及时帮助孩子疏导在学校与老师相处过程中产生的那些不良情绪!

上课就要有上课的规矩
——告诉儿童要遵守最基本的课堂礼仪

作为家长,我们都知道,儿童只有遵循课堂纪律和课堂规矩,只有配合老师的教学活动,才能学到知识,获得进步。所谓学生礼仪就包括学生遵守课堂纪律,具有礼仪常识。学生尊师重道,遵守课堂纪律,可以促进师生或学生之间的关系,创造更好的学习环境。

第07章 尊敬师长，师生关系对于儿童成长有着不可替代的作用

俗话说"没有规矩，不成方圆。"任何自由都是建立在一定的约束之上的，可以说没有规矩的课堂是散沙。因此要想使课堂开放活泼，活而不乱，就一定要先落实好课堂教学规矩。

我们先来看下面的案例：

江先生的女儿姗姗是个大大咧咧的女孩子。这天，江先生被老师叫到了学校，原来女儿在学校"犯事儿"了。事情是这样的：

上数学课时，上课铃已经响了，但姗姗还是磨磨蹭蹭地在操场走着。数学老师催了几次，她都跟没听见一样。数学老师有点生气，直接对着外面喊："江姗姗，进来！"

姗姗这才入座。然而，老师已经宣布上课了，她还在和同桌交头接耳，老师真的生气了，点名批评了她。姗姗很不服气，竟然站起来问老师："这么多人都在说话，为什么就说我？"

老师更加生气了，大声说："江姗姗，给我出去站着！"

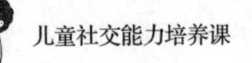

姗姗气冲冲地冲出教室，跑回了家。

其实，这场师生之间的"冲突"很大原因是姗姗没有遵守上课的纪律，如果每个学生都像她一样上课磨磨蹭蹭，上课了还不遵守课堂纪律，那么，老师就没办法上课。另外，在课堂上顶撞老师更是没教养的表现，所以，她才被老师勒令离开教室。如果她能注意自己的言行举止，遵守上课礼仪，是能避免这场"师生大战"的。

对此，作为父母，我们也要告诉孩子，学生在学校以及与他人相处过程中都要遵守一定的礼仪，这是一个人素质的体现。

总的来说，我们可以将课堂礼仪总结为：

1.做好上课准备

作为学生应该在预备铃响之前就进入教室，准备好课本、练习本、文具等，安静端坐，恭候老师的到来。充分做好上课准备，既为自己上好一节课打下基础，也是尊敬学业的表现，同时也是尊重师长、尊重别人、尊重整个集体的表现。

2.遵守课堂纪律

遵守课堂纪律，既是尊重老师的表现，也是珍惜学业与集体的行为。上课时要遵守课堂纪律，认真听讲，做好笔记，积极发言，不私下说话，不随便走动，不能开小差，做小动作，甚至调皮捣蛋，扰乱课堂秩序等。

3.认真回答老师的问题

在课堂上，老师提问是必不可少的教学手段，每个同学都有被老师提问的经历。该怎样正确、礼貌地对待老师的提问呢？请记住：

（1）回答问题时，应先举手，经老师允许后再起立发言。老师未点到自己的名字时，不要抢先答话。

（2）起立回答时，姿势、表情要大方，不要故意做出滑稽的引人发笑的举止。说话声音要清脆，不要太小声，以免老师、同学听不清楚。

（3）当老师提问的问题恰好是自己回答不出而又被点到名时，切不可有抵触情绪和行为。这时应该勇敢地站起来，以抱歉的语调向老师解释说："老师，这个问题我不会回答，请原谅。"

（4）在其他同学回答老师提问时，不要随便插话。如别人回答错了，或者回答不出而老师继续面对大家提问时才可以举手，并在得到老师允许后，站起来回答问题。

今天是教师节

——引导儿童教师节如何给老师送上祝福

作为家长，我们在孩提时代，也曾有老师。老师就像是祖国大花园里的园丁，辛苦地照料着祖国的花朵，不辞辛劳地奉献着自己的青春。有的年轻老师甚至是放弃了其他的高薪职位，而选择做老师。在我们当学生的年代，那时候老师的工

资、福利并不好。很多老师住宿的地方也特别的差，跟着学生们一起吃着食堂。可是还是有那么一群无私的人，愿意把他们辛勤的汗水挥洒在三尺讲台上。愿意为了祖国的下一代能够接受良好的教育，他们都默默无闻地在教室里挥洒着他们的青春，挥洒着他们对教育事业的那一份热情。

小时候贪玩、不爱学习的学生，大部分都觉得老师好讨厌。因为老师会检查你的作业，在你昏昏欲睡的时候，抽你起来回答问题。那些学习成绩好的学生，对老师总是充满了敬佩之情。老师为他们做了太多，他们不曾知道的知识，他们不曾明白的道理，都从老师那里得到了解答。

作为父母，我们要告诉儿童要懂得感恩老师的付出，老师就像是他们的第二个家长，而表达对老师的感激之情，方式有很多，如在教师节为老师送上一份特别的礼物。

每年的9月10日是中国的教师节，在这一天里，会有很多学生自发地准备一些特别制作的教师节礼物送给尊敬的老师们。礼物不需贵重，但是对于辛勤的老师来说，这是学生们对于他辛勤教导的一份回馈。

那么，哪些礼物适合学生在教师节送出呢？

1.富有含义的书

书是送给老师再好不过的礼物了。书既彰显了文化内涵，又很体面，不过送书也不是毫无章法的。送书最好不要送现成的书，最好送书票，因为你并不知道老师喜欢什么类型的书，万一买错了，对老师也是一个负担。这样送既别致又不至于送错，因为老师会有选择的余地。

2.一支高品质的钢笔

还有多少人记得，以前的作业跟试卷上，老师打上的勾叉，那是老师对你学习成果的检阅。一个老师一年用到的红墨水可能是1个人一个月喝掉的水那么多，你留意过吗？送老师一支精美有档次的钢笔，让老师在以后批改作业的时候，不再有烦恼，不再担心沾一手的红墨水。

3.代表着快乐与幸福的鲜花

向日葵的花语是，永远都最想看到，你融化心湖的笑脸。送花不只是在情侣、父母之间，送老师也是可以的。金黄色的向日葵，永远充满着朝气，就像是同学们那朝气蓬勃的笑脸。将这些笑脸送给老师，让他们也能有一个好心情。

4.精美纪念品

一些纪念品，诸如"仙桃""寿桃"也可以送给老师，寓意"桃李满天下、名师门生贤士多"，相信老师会喜欢！

5.送卡片最大方

"给幼儿园老师送礼物不应该太贵重，不然是给老师压力，也是对其他小朋友的不公平。所以，我只送卡片，既能表达心意，老师也喜欢。但卡片一定是我精心挑选的，有时也会让和儿子一起亲手制作，会很有意义"。

多数的老师都不在乎礼物的金钱价值，重要的是送礼人的心意。送一张别具一格的卡片或是孩子亲手制作的卡片，就非常有意义。

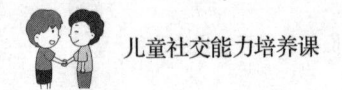

6.手工DIY相册

这一点，对于一些年纪稍大点的儿童来说很适合，尤其是面临毕业的学生，为老师送上这样一份礼物，再合适不过了，因为这些学生都是他亲手培养出来的，他们即将离开学校，一本DIY的相册，会是留给老师的最好礼物。也许在以后的某个夜晚，老师会拿出相册，看看曾经的学生，看到那些写得歪歪斜斜的祝福话语，一份感动一定在心间流动。

我要和老师搞好关系
——告诉儿童要尊敬和爱戴老师

有人说，教师是太阳底下最光辉的职业，这句话一点也不假，老师送踏上岗位的那一刻起，就无私地奉献着自己的青春。即便老师对学生严厉，也是希望学生学好，要问老师希望得到什么回报的话，就是希望看到学生成才、成熟，希望看到学生从自己那里学到最多的知识。

一些儿童为了证明自己，对老师所要求的总要"逆反"一下，甚至故意去触犯一些"清规戒律"。对老师言听计从的"乖学生"常常受到同伴的嘲笑和讥讽。在他们看来，老师的谆谆教导总是不近情理，老师的苦口婆心实在是婆婆妈妈。

一次调查中发现，同学们最喜欢的老师是热爱学生、理解学生的老师。其实，理解是相互的，学生需要老师的理解，老师同样需要学生的理解。一位老师十分感慨地说："清贫、艰辛、工作任务繁重其实算不了什么，最伤脑筋的是某些学生只要求老师理解他们，而他们却一点也不去想想该怎样理解老师。"

一位三年级的老师在教师节那天接到学生的来信，心里喜滋滋的，在办公室里一次又一次地念道："三年来，您在我的学习上给予了很多的帮助，在我的思想方面也给予了莫大的关心。现在想来，觉得自己真是很幸运，能够遇到像您这样的好老师……"一连几天，这位老师讲课都格外精神。他为自己在学生的心目中是那么称职、那么亲切、那么令人钦佩而感到由衷的愉悦，和自己的学生在一起感到其乐无穷。

不少父母知道养育孩子的艰辛，而其实，教师培育学生，也是如此。因此，我们要告诫儿童，在学校要遵守校园礼仪，要尊重和爱戴老师。

我们来看下面的案例：

高老师是一位教龄长达30年的老教师了，可谓桃李满天下。

最近，高老师发现班上一些同学铺张浪费，如某个同学过生日，就送几百元的电子设备、手表、衣服等，小小年纪，就搞这些名堂，这怎么得了？若放任不管，这些孩子可能会走了下坡路，想到这，高老师下决心解决这一问题。

一天课间时间，高老师从一位女同学的抽屉里发现了写有"生日快乐"字样的礼物当场收走。

这位女学生两眼喷火，恨不能上前咬这位特别"负责任"的老师一口。

高老师为这事，确实操碎了心。可是，没有谁理解她。

可能不少儿童都和故事中的这位女同学一样，因老师对自己管得过于严格而厌恶老师。其实，不管老师做什么，他的出发点都是为了学生，希望学生能成人成才。

老师就是孩子的第二个家长，因此，当儿童还小时，父母就要引导他正确理解老师的职业，告诉他，一定要尊重老师。具体来说，我们可以这样做：

1.在儿童还小时，就告诉儿童要尊敬老师

我们要告诉孩子，到了学校，要礼貌地打声招呼，老师都喜欢有礼貌的学生。另外，告诉他要用实际行动尊重老师的劳动：上课认真听讲，不破坏纪律，把老师留的作业保质保量地完成。

2.告诉儿童，一定要和老师搞好关系

一些儿童，与哪个老师关系比较融洽，喜欢上哪门课，哪门成绩就好；如果与哪个老师关系不和谐也会殃及那门课，这大概也是爱屋及乌的反映吧。

的确，学生的大部分时间在学校里，免不了和老师交往。一些儿童见到老师就躲，或者顶撞老师，而其实，孩子不明白的是，其实老师是他的恩人，不管老师喜不喜欢这个学生，他都会努力教好每个学生。学会尊重老师，他会收获不少！

我们要让儿童认识到和老师搞好关系的重要性，与老师融洽相处，他们才有学习该门课程的兴趣和动力，也才能让老师更多地指点他。

3.让儿童勤学好问，虚心求教

我们要告诉儿童，不管他喜欢不喜欢某个老师，都要承认，老师之所以能成为老师，必当够格教他知识，老师在学问、阅历上的水平肯定是高于他的。

所以，我们要教导儿童向老师虚心求教好问，不仅直接使学习受益，还会增多、加深和老师的交流，无形中就缩短了与老师的距离。每个老师都喜欢肯动脑筋的学生。

4.告诉儿童犯了错误要勇于承认，及时改正

人无完人，成长中的儿童更是如此。老师都喜欢知错就改的学生，也愿意指正。而一些孩子，明知自己错了，受到批评，即使心里服气，嘴上也死不认错，与老师搞得很僵。也有一些孩子，"一朝被蛇咬十年怕井绳"，受过老师一次批评心里就特别怕那个老师，认为他对自己有成见。这是没必要的，我们要告诉孩子，错了就是错了，主动向老师承认，改正就是好学生。老师不会因为谁有一次没有完成作业，有一次违反了纪律就认为他是坏学生，就对他有成见。

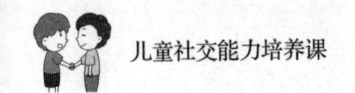

总之，我们要让儿童明白，老师是他的第二个家长，一定要尊敬、爱戴老师，和老师搞好关系，因为与老师关系融洽既可以促进学习，又可以学到很多做人的道理，会使儿童一生受益无穷。

第 08 章
自信大方，培养儿童巧妙与陌生人的交往技巧

儿童教育专家认为，孩子的友谊是从一对一交换玩具和食物开始，到寻找相同情趣的伙伴并开始相互依恋，从和许多小朋友玩到只和一两个小朋友交往，孩子自己经历了人际交往的全过程，而这种交往智能是与生俱来的。儿童所有社交能力的获得，首先都是从学习如何与陌生人打交道开始的。为此，我们在帮助孩子不断扩大交往的同时，也要教导他们与陌生人的交往技巧，从而提升他们的社交情商，从而帮助他们成为受人欢迎的人。

我对社交感到恐惧
——帮助儿童调节和矫治社交恐惧症

我们生活的周围,有这样一些孩子:他们因容貌、身材、修养等方面的因素而不敢与周围的人交往,逐渐产生孤僻心理,甚至开始对与人交往产生恐惧心理。这在心理学上被称为社交恐惧症。可能我们都认为,只有成人才会患上社交恐惧,但其实我们的孩子是脆弱敏感的,曾经社交遭遇障碍或者一些生理因素,都有可能引发他们的社交恐惧症。他们在人际交往中感到惶恐不安,并出现脸红、出汗、心跳加快、说话结巴和手足无措等现象。社会心理学家经过跟踪调查发现,在人际交往中,那些心理状态不健康者,相对于那些健康者,往往更难获得和谐的人际关系,也无法从这种关系获得满足和快乐。因此,如果你的孩子也有社交恐惧症,我们一定要帮助其进行调节和矫治,鼓励他们大胆走出去。

"我特别害怕和陌生人说话,就连去楼下商店买东西我也不敢。我害怕看他们的眼神,也不知道怎么应付,所以一般我都让妈妈去买。前一阵我鼓足勇气去商店买东西,店员跟我说话时我太紧张了没听清,走出店以后才发现算错了价格,多收了我几十块钱，但是我犹豫了很久都不敢走回去跟她说。后来我自己哭了一场，不是心疼钱，而是对自己绝望了。"

"我才10岁，已经深度近视，但平时走在路上，我都不戴眼镜，因为我不想跟熟人打招呼，我并不是不喜欢他们，只是我一说话就紧张、结巴，不知道怎么开口。"

"我学习成绩不好，我的同桌各项全能，成绩优异，我不敢主动找她说话，我生怕她嘲笑我，不愿意跟我做朋友。"

很明显，以上三个孩子都有一定程度的社交障碍，而社交障碍达到一定程度，就成为了社交恐惧症。社交恐惧症是恐惧症的一种，这种恐惧主要是指在面对正常的社交场合，患者会表现出与周围环境、事物不相符合的恐惧、焦虑情绪。其实就是自主神经功能紊乱的表现，同时会伴有不同程度的心慌、胸闷、头晕、出汗，严重者甚至无法控制大小便。

从心理学角度分析，社交恐惧症患者通常严重缺乏自信，对自身要求很高，但是却达不到自己的心理预期。而儿童心理学专家认为，这和成长经历有关，有些父母对孩子要求非常严格，无论孩子做到什么程度，他们给出的都是负面评价，没有表扬的时候，让孩子心理严重受挫。另一个极端就是父母对孩子过于保护，为了不让孩子受到伤害，替孩子包办所有事情，导致他们缺乏锻炼。

此外，如果父母中有一方患有社交恐惧症，或者幼年曾遭遇家庭暴力、父母离异等事件，也会增加孩子社交恐惧的风险。

社交恐惧症会影响人正常的工作和生活，社交恐惧症的患者生活在疾病的痛苦折磨中，无法像正常人那样享受社交生活的乐趣。那么，我们该如何帮助孩子走出社交恐惧症呢？

1.帮助孩子克服自卑，具备自信心

生活中，有这样一些孩子，与人交往中，他们总是表现得很自卑，甚至躲着他人，走路时低着头，说话时只有自己听得见，不愿跟熟人打招呼，不敢正视他人的眼睛。这些表现都是社交恐惧和自卑心理在作怪。要想处理好人际关系，首先就必须克服这一点。

高度的自信心意味着对自己信任、尊重和肯定。我们要告诉孩子，要把与人交往当成一种兴趣而不是负担，你要明白，现代社会，没有人可以活在自我封闭的世界里，每个人只有在与人交往、不断学习的过程中，才会获得自我提高和发展。

2.帮助孩子完善个性品质

我们应该告诉孩子，只要你拥有良好的交往品质，走出恐惧的第一步，就能受到朋友们的喜欢，慢慢地，心结也就能打开了。"人之相知，贵相知心"。真诚的心能使交往双方心心相印，彼此肝胆相照，真诚能使交往者的友谊地久天长。

3.引导孩子培养健康情趣

健康的生活情趣可以有效地消除孤僻心理。闲暇时，你不妨带领孩子潜心一门学问，或学习一门技术，或者听听音乐、看看书，养养花草等。

4.家长可鼓励孩子与人交往

家长要鼓励和带领孩子多和别人交往，特别是多与开朗活泼的同龄人交往，并带领孩子参加力所能及的社会公益活动。借助家庭、学校、孩子的伙伴、亲朋好友的作用，给孩子提供良好的社交平台。

面对胆小的孩子，家长切忌将其与同龄孩子对比或者辱骂孩子，应该不失时机地与孩子沟通，给孩子以鼓励和赞扬，帮助并引导孩子努力克服自身的弱点，尽可能避免孩子因胆怯而心理紧张，以缓解孩子的胆怯，促进孩子健康成长。

每个人都有社交圈子，出去结交朋友是不可缺少的活动，但是一些儿童患有社交恐惧症，社交恐惧症会严重影响孩子正常的学习和生活，每个家长都应该引起注意，做孩子心理健康的守护者。

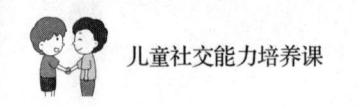

怎么向别人介绍我自己
——帮助儿童掌握出色的自我介绍技巧

参与人际交往，尤其是在结交陌生人时，自我介绍是必不可少的环节。经过自我介绍，双方才会认识了解。很多时候，交际双方并无他人引见，倘若我们不能跨出第一步，把自己主动地介绍给别人，那么我们就丧失了一次结交朋友的机会，因此，学会恰当地自我介绍很重要。

同样，儿童要参与人际交往，也就少不了学习自我介绍技巧。学习自我介绍不仅能锻炼孩子的语言能力，也提升了孩子的自信心，鼓舞了他去学习更多的东西。当他们面对新的朋友和新的环境的时候，他们可以更加从容不迫。

因此，引导儿童学会恰当得体地自我介绍，是对孩子礼仪教育中不可少的学习课题。我们来看下面这个孩子是怎么自我介绍的。

新学期来临，全校学生进行了大换班，自然要选新的班干部。周五这天下午，三年级三班就在进行干部推选班会。

在一轮投票后，是候选人的自我介绍环节。这时候，有个女孩从座位上站起来，抬头挺胸，但涨红了脸地说："大家好，我叫林欣，是个自信爱笑的学生，虽然我各方面表现不太好，但我也想当个干部，为同学服务，请大家投我一票吧！"

面对这发自心灵的呼唤，同学们报以热烈的掌声，一致同意这位女孩担任小队长。从掌声中,这位女孩听到了同学们热情的鼓励:"你能行!"当时,她激动得哭了。上任以后,她工作得很出色。

当同学们问到她怎么有那么大的勇气和信心的时候,她说:"我妈妈总是鼓励我,说我要勇敢,要敢于自我介绍,敢于推荐自己!"

这里,林欣的妈妈是个明智的家长,从小锻炼孩子说话的胆量,教会她学会自我介绍,能让孩子为自己递出一张优秀的名片,帮助孩子提升竞争力。

在与陌生人交往中,良好的自我介绍能让别人眼前一亮,这甚至会弥补孩子外在形象上的缺陷,透过孩子简短的介绍,对方就会对我们的孩子有个理性的认识,这是感性认识的一个更深层次的认识。

具体来说,孩子学会自我介绍,好处多多:

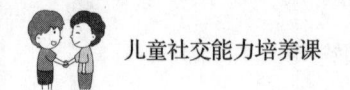

1.能鼓励儿童多结交朋友

如果孩子能做完整的自我介绍,并且能倾听小伙伴的自我介绍,无形中就增进交往能力,能在学校和平时生活里多结交朋友。

2.增强儿童的自信心

可以完整进行自我介绍的孩子,必然会受到老师的表扬,又容易被别的同学认可,这样孩子的自信心也能受到鼓舞。

3.帮助儿童实现自我保护

可见,孩子在人际交往中如能正确地自我介绍,不仅可以扩大自己的交际范围,广交朋友,而且有助于自我展示、自我宣传,这二者之间也是相互联系、相互制约的,是孩子与人交往的第一步,是交谈的开场白,正确地介绍自己,能让别人从心理上接受他,从而为接下来的交往打好基础!

那么,我们该如何引导孩子学会自我介绍呢?对此,我们可以这样逐步引导:

第一步,对于一些年幼的儿童来说,要让他们先学会并记住一些简单的内容,如自己的姓名、年龄,这是自我介绍的基本内容。

对此,可以设计一些问题,用问答的方式,让孩子记住它们。

这里,我们需要注意的是,孩子年纪还小,在一开始引导和训练他们的时候,要以大人说为主,并且让孩子回答问题时,放慢语速、吐字清晰,这样孩子才能认真倾听和记住,等孩子在熟悉了内容后，可以在提问时再停顿一下，让孩子自己来回答。

第二步，让儿童学会介绍一些复杂的内容，比如，兴趣爱好，特长，缺点等。

下面是一位小朋友的自我介绍：

"大家好，我是××，我的小名是××，爸爸妈妈之所以取这个名字，是希望我能好好学习，未来成为一名有用的人。我很爱学习，也很喜欢幼儿园，我还很喜欢看书，爱听妈妈讲故事，爱听老师唱歌，爱交好朋友，所有新奇的事情我都感兴趣。当然，我最喜欢的还是芭比娃娃……我知道自己也有缺点，爸爸妈妈和老师都说我太调皮了，总是动来动去，其实，我就是对周围的一切都很感兴趣……"

这一介绍可以说是低龄孩子自我介绍的范本，父母可以以此为依据引导孩子自我介绍。

第三步，帮助儿童将一些信息串联起来。

要孩子学会把这些问题的答案串联起来，组成完整的一段话，使孩子不需要你的提示就可以直接陈述出来。

这时的自我介绍可以加进一些主观性较强的问题，如我最喜欢的人是爸爸妈妈；我最喜欢看的动画片是《哪吒》；我最喜欢的故事是《白雪公主》；我会自己吃饭，会给自己穿鞋子……

总之，我们的孩子总是要进入社会，参与成人之间的社交的，我们除了要让儿童掌握丰富的科学文化知识外，还要培养他们与人交往的能力，而首先我们应该让孩子学会自我介绍。这是展现孩子良好谈吐的重要方面。

跟陌生人说话我就紧张
——引导儿童轻松与陌生人交流

这天，妈妈不在家，10岁的大宝一个人在客厅看电视。突然，门铃响了，大宝通过猫眼看了看，是个不认识的人，便马上给妈妈打电话，原来是妈妈以前的一个大学同学。

"大宝，帮妈妈接待下阿姨，妈妈一会儿才能回去。"

接到妈妈的命令，大宝一点都不含糊，在给阿姨泡茶、切了水果后，大宝便和阿姨聊了起来。过了会儿，妈妈回来了，阿姨对她说："你家大宝真是个懂礼数的孩子，而且，谈吐大方，我们第一次见面，他一点也不怯生，你真是教导有方……"

相信生活中有不少儿童都有与陌生人独自说话的机会，在这样的场景中，你的孩子会不会紧张？案例中大宝是个善于与人打交道的孩子。事实上，作为父母，我们都希望儿童在人前人后都落落大方、自信十足，这样的儿童长大后更自信，懂得如何不卑不亢地待人接物。然而，很多儿童，一到人前，尤其是陌生人面前，就表现得怕羞、不自信，这是困扰许多家长的常见问题。而解决儿童不自信的一个重要方法就是让儿童多接触陌生人，让他们在陌生人面前大方表现，这也有助于开阔他的视野，增加他的阅世能力，从而大大增强他的见识。

家长在让儿童学会大方表现之前，要先分析出儿童胆小、不自信的原因，然后才能对症下药。严格地说，胆小害羞是孩子进行自我保护的自然行为。随着年龄的增长和与外界接触次数的增多，胆小害羞的行为会越来越少。但是也有些儿童四五岁或者小学高年级了还是很胆小、很怕羞，这个时候家长就应该重视、要想办法纠正了。一般来说，造成儿童胆小怕羞的原因主要有以下几种情况：

1.幼年时候与外界接触比较少

生活中，不少胆小怕羞的儿童，在婴幼儿时期是爷爷奶奶带的，他们与陌生人接触的机会比较少，周围同龄的小朋友也不多。而爸爸妈妈带的孩子，经常在小区里玩闹，都比较胆大、放得开。所以，我们要多带孩子和外人接触，让孩子多见世面，让孩子多和小朋友一起玩耍，多参加集体活动，这是纠正这类孩子胆小怕羞的最好方法。

2.家长不正确的教育

很多家长错误地把儿童的胆小怕羞当作一个大的缺点来对待，急于纠正，但又方法不当。他们常常人前人后地提醒孩子，有的还强迫孩子在陌生人面前表现自己。当孩子不肯表现的时候，为了给自己一个台阶下，又当着别人的面说孩子胆小怕羞。这样不但不能纠正孩子的胆小怕羞，反而会加重孩子的内心体验，使孩子变得更加的胆小怕羞。

3.家长对孩子过于严厉

有些家长对孩子过分严厉，久而久之，孩子畏惧家长，对别人的评价敏感。他们对自己的一言一行非常重视，唯恐有差错，这种心理导致儿童在与陌生人的交往中表现得不自然、胆小怕羞。

父母过于严厉会造就一个可爱但不大方的儿童。这些孩子自己信心不足，对自己在学习和其他方面的能力做出偏低的评价，做事谨小慎微，甚而由认知上的偏差发展出自卑的人格，表现得胆小、害羞、孤独、沉默寡言。家长要营造愉悦、和谐的家庭气氛，消除孩子的紧张情绪。要多鼓励、少批评，要抓住孩子的闪光点进行表扬，帮助孩子克服自卑，鼓励孩子勇敢地表现自己、张扬个性。这样就能使孩子克服胆小害羞的习惯，变得大方开朗、热情阳光。以下是我们需要引导儿童做到的几点：

1.摆脱陌生人情结

我们要告诉儿童,你不必刻意掩饰自己的紧张,不过也要表现出你的诚意。其实每个人跟陌生人交谈时内心都会不安,一定要自己先放下陌生人情结。这样,与他人交谈的时候,才会显得随意轻松。在谈话时要关注对方的表现,如果对方不感兴趣,就得停住你谈的话题了。

2.做到思想放松,没有顾虑

心理学家詹姆斯说过:"与人交谈时,若能做到思想放松、随意、没有顾虑、想到什么就说什么,那么谈话就能进行得相当热烈,气氛就会显得相当活跃。"抱着"说得不好也不要紧"的态度,按自己的实际水平去说,就有可能说出有趣、机智的话语来。

3.冷静交谈

一个冷静的人,总能控制自己的感情。过于激动,无论对讲话或听话的人来说,都会影响表达或听取的效果。

4.生活中加强练习

比如,我们可以引导孩子经常和邻居打招呼,和他们交谈,让整栋楼里的人亲如一家。现代社会,忙于工作的人们的邻里观念淡薄。主动与邻居交流,不但能加深彼此间的关系,还能帮助你提高交往技巧。

5.不必介意对方谈话时的语言和动作特点

有些人谈话时常常带口头语或做一些习惯动作。对此,我们要告诉孩子不必太在意,更不要分散自己的注意力,应将注意力放在对方谈话的内容上。

6.遇到尴尬，大方面对

当遇上一些尴尬的事情时，要大度一些，不要一本正经。此时，一句不伤大雅的玩笑，就能活跃气氛，消除他人的防备心理，否则会让别人感到压抑。

总之，我们要让儿童明白，与陌生人交谈时，氛围是很重要的。良好的氛围容易让人放松，交谈起来也就更加坦诚。如果谈话氛围紧张，人人都很严肃，那交谈效果也会大打折扣。

保护自己
——告诉儿童对陌生人要有防范之心

星期天，爸爸妈妈去加班了，家里只有7岁的妞妞在家看动画片。

"咚咚咚，咚咚咚……"上午十点的时候，家里突然有人来敲门，妞妞站在小凳子上，从门镜里往外看，发现是个陌生人。她正准备开门，突然想起来爸爸妈妈出门时叮嘱过的话："如果有你不认识的人敲门，你不要出声，也不要给他开门。记住了？"

于是，妞妞就没有出声。不一会儿，陌生人就离开了。

爸爸妈妈回来后，妞妞把陌生人敲门的事告诉了他们。爸爸妈妈竖起大拇指："妞妞，你真是个聪明的好孩子。"

孩子是很单纯的，如果父母不教导孩子"不给陌生人开门"的话，孩子可能就会开门了，这样就可能会发生一些意外状况。所以，父母一定要提醒孩子，当他一个人在家的时候，一定不要给陌生人开门，在平时遇到陌生人，也要有防范之心。

作为成人，我们都深感到社会越来越复杂，人生越来越艰辛。未成年的孩子，尤其是儿童，比较娇弱，更面临许多不可预料的复杂局面。父母和老师可以为儿童创设尽量安全舒适的生活环境，却不能一生都围在他们的身边。离开父母和家庭，孩子能不能很好地独立生活，能不能识别社会上一些不利于成长的因素，这是每一位负责任的父母必须考虑的问题。儿童自我保护的训练必须从小时候开始，学会应对陌生人是儿童成长的重要一步。

社会上诱骗拐卖儿童孩的犯罪现象时有发生。让罪犯得逞

的原因之一就是儿童缺乏必要的自我保护能力。这些儿童往往被陌生人的一些小小的诱惑或者恩惠所骗取。这就告诫父母，一定要教会儿童学会自我保护，认真培养儿童的自我保护意识和能力。我们建议，父母可以从以下几个方面培养儿童应对陌生人的能力。

1.告诉儿童，不要轻信别人

儿童的单纯和幼稚往往是某些人利用的工具，如"我是你爸爸的朋友""我是你妈妈的同事"等套近乎的话，容易让儿童把对爸爸妈妈的那种信任转移到陌生人身上，轻易地听从别人的话。告诉孩子，无论在家里还是在外边，遇见自称爸爸妈妈同事或朋友的人，只要父母不在身边，告诉他们自己不认识他们，然后离开，不要再理他们，也不要听他们的解释。

2.告诉孩子，吃喝陌生人的东西要征得父母同意

在陌生人给她吃喝的东西时，要征得父母的同意，不吃来历不明的食物。只要孩子牢记我们的话，不法分子就无机可乘。

3.陌生人给的礼物不要接

儿童多数对诱人的食物、漂亮的玩具和其他新奇的事物，如新鲜的游戏项目等感兴趣，缺乏自制力的孩子很容易就会被诱惑。父母要让孩子明白，无论多么诱人的东西，只要不是自己的，不经过爸爸妈妈同意，就不能接受；让儿童明白，陌生人不会无缘无故地送给自己东西，自己也不能随便接受别人的礼物。有时对儿童来说，拒绝诱惑是很艰难的。家长应在平时拓宽孩子的知识面，尽量多地让孩子接受周围事物。见得多

了,孩子也就不再大惊小怪了,再加上爸爸妈妈的嘱托,一般情况下,他们就会在一定程度上拒绝诱惑。如果孩子尚不能理解其中的道理,那就教会儿童简单而坚决地说"不,我不要!"

4.拒绝陌生人的请求

为了取得儿童的信任,有些心怀不轨的人往往想尽办法让儿童上钩。有人向孩子"求救",等孩子相信自己后再进一步行动。要告诉孩子,有陌生人请求帮助的时候,让他们去找大人、去找警察。这不是禁止助人为乐的行为,不是推卸责任,而是为自身安全再提供一层保障。

5.通过情景模拟,检查孩子是否掌握应对技巧

父母可以学习情景剧的方式,与孩子进行情景模拟,以此来检查孩子是否已经掌握了我们教给他的技巧,比如,父母可以扮作不怀好意的陌生人,用孩子平时喜欢吃的零食去引诱他们,看看他是否上当。在这样的模拟测试中,如果孩子的应对方式是错误的,我们可以帮助孩子改正,增强孩子躲避陌生人不法侵害的能力。

在紧急状况下,儿童不可能记住只告诉他们一遍的事情。教会儿童应对陌生人的安全规则,是强化孩子情境应变能力的重要手段。而教会孩子这一原则的有效方法是通过做"要是……该……"的游戏,让孩子通过独立的思考对潜在有害的情境做出防护反应。例如:"雨下得很大,要是有陌生人邀请你搭他的车回家,你该怎么办?""要是陌生人叫你的名

字,并说你的爷爷受伤了,由他来学校接你回家,你该怎么办?""要是在放学回家的路上有人跟着你,你该怎么办?"我们先来看下面的案例:

(爸爸戴上墨镜扮演陌生人,妈妈扮演邻居阿姨,孩子假装独自在家。)

陌生人:"快开门!"

孩子:"你是谁呀?"

陌生人:"查煤气的。"

孩子:"我爸爸倒垃圾去了,他马上就回来,你稍等一下。"

陌生人:"赶快开门,我查完煤气还有许多别的事!"

孩子:"邻居的阿姨在家,你先查她家的。"(大声地)"马阿姨——有人查煤气——"

陌生人:(慌慌张张地走了。)

邻居阿姨:(开门出来)"这肯定不是查煤气的!是个骗子!"

这些假设是让儿童知道,在某些情境下有些陌生人不是好人。从中他还会知道,当陌生人朝自己走来或感到危险逼近自己时应当怎么办。这种信息增强了儿童自我防护的意识,同时也使他们在日常生活中遇到许多没有危害的陌生人时不感到恐惧。

另外,家长还可以用故事的形式教儿童学习故事中人物的勇敢、沉着、机智的精神和本领。例如,《狼和小羊》的故事中,小羊识破老狼假面孔的经过,会给儿童很大的启发。

年幼的儿童尚不具备分辨能力，不能做足够的自我防卫，一旦有任何危险，他是必然的受害者。要想儿童平安地生活和成长，就要让儿童拒绝一切伤害。学会怀疑、学会拒绝，这是应对陌生人必需的几项素质，对儿童来说是必要的，因为，儿童幼小的身体和心灵经受不住大的挫伤和打击。

我不想上学
——对新环境的不适应导致儿童哭闹怎么办

孩子开始学校生活，意味着要和很多陌生的小伙伴和老师一起生活。在开学过渡期，家长朋友们如果引导得不好，很容易导致孩子对学校生活不适应、学习跟不上、无法融入班集体甚至厌学，给他的心理带来很大的阴影，所以家长们对此务必引起高度的重视。

儿童教育专家建议，孩子在上学前，家长应帮助孩子做好物质和心理两方面的准备，其中心理准备尤为重要。我们总是听到有父母抱怨孩子上学以后很难适应，其实这不仅是孩子的问题，更是父母的问题。我们来看下面的案例：

乐乐今年4岁，今年刚上幼儿园。

傍晚，妈妈去接乐乐，看到儿子的时候，妈妈发现乐乐一脸泪水，她便询问老师儿子在学校的情况。

"你就别提了,其他小朋友都还算挺乖的,虽然也哭着要妈妈,但是就只有乐乐一直发脾气,而且还跟其他小朋友动手。"

晚上回家后,妈妈问乐乐:"我知道乐乐肯定有不开心的事,所以才发脾气的是吗?"

"我不想上学,我想跟着妈妈玩。"乐乐一说完,就扑向妈妈,抱着妈妈的腿不肯放。

妈妈看到儿子这样,心里一酸,也差点掉下泪来,夜里,她好不容易将乐乐哄睡着,还听到儿子嘟囔:"妈妈不要走。"

这里,4岁的乐乐之所以会在幼儿园大发脾气,是因为他对生活环境——从家庭到学校不适应。除了这一阶段的孩子,从幼儿园到小学、小升初的孩子,都有这些情绪上的变化,但年纪小的儿童在这一问题上表现得情绪更为强烈。

具体来说,儿童情绪的变化有以下几点原因:

1.不适应新的环境

儿童面对新环境,难免会不适应。尤其是那些需要寄宿的儿童,会产生饭菜吃不惯,环境不熟悉等问题。对此,父母要给儿童打好预防针,给予适当的鼓励,可帮助儿童勇于面对而坚强忍耐。

2.人际关系的改变

任何一种环境的改变,对儿童冲击最大的就是人际关系的变动。面对一张张陌生的面孔,儿童难免会产生一种恐惧和惊慌感,对此,父母要鼓励儿童多与人交往,尽快适应新的人际关系。

3.学习内容和方法的变动

儿童越来越大，学习内容越来越多，压力越来越大，也难免会产生负面情绪。

以幼升小阶段为例，与幼儿园相比，小学的学习要求更高，因为幼儿园阶段主要以游戏和玩乐为主，而到了小学，则需要学习系统的文化知识。有的儿童因为学习方法、思维方式跟不上，一下子很难适应，出现坏情绪也是很正常的，这需要一个磨合期。家长们也不要给儿童太多的心理压力和负担，应该多鼓励和引导儿童根据小学教学的特点，找到正确的学习方法，养成良好的学习习惯，积极探索、思考，及时预习、复习课堂知识，合理安排作息时间，制订各阶段的学习计划。

当然，除了以上几点措施外，我们家长最好在儿童即将进入新环境之前，对其做好心理准备工作，让儿童"热身"，这样，儿童不会显得局促无措。以进入幼儿园学习的儿童为例，如果你能帮助儿童顺利地适应入学，就容易奠定儿童升学成才稳健的心理素质，儿童也会因为热爱新学校，而变得身心健康、蓬勃向上。如果忽视了培养儿童的入学适应能力，有些心理脆弱的新生就难以融入新的学校生活，甚至产生心理障碍。

对于其他阶段的儿童，父母要对其进行学习和心理上的双重"预热"。例如，一些家长认为，小学毕业后的暑假是中小学暑假生活指导的"空白"阶段。有些儿童认为可以趁机痛痛快快地玩一下，放松一下。这种想法是不对的，儿童即将进入初中，如果过度放松，很容易荒废学业。家长除了要帮助儿童做好一定的课程熟悉工作外，还可以带儿童到中学熟悉环境，了解中学的情况，结交中学生伙伴，介绍中学生的行为规范和学习情况。

当然，其实无论哪个年龄段的儿童，面对新的学习和生活环境，难免是喜忧参半，一半充满期待，一半又对未知世界心存忧虑。他们对新的老师、新的同学和新的环境也会感到陌生而不知所措。不少家长没有太多的思想准备，面对儿童产生负面情绪，不清楚应该如何消除。事实上，儿童能否以最快的速度融入新的环境，并适应更紧张的学习生活，直接关系到儿童未来的学习和生活状况。

总之，作为父母，面对儿童在家校衔接过程中可能出现的问题，我们要妥善安排儿童各种准备，让儿童做好充足的准备，这样最大程度减轻负面情绪的产生，让儿童尽快适应新的学习和生活！

我不喜欢这个新同桌
——引导儿童和新同桌友好相处

最近，杨太太很烦恼，儿子上小学三年级，这学期换了个新同桌，成绩一般。儿子的前任同桌是个成绩很好的女孩，语

第08章 自信大方，培养儿童巧妙与陌生人的交往技巧

文和英语成绩在班级排前三名。杨太太很纠结，"我们做家长的，都希望孩子的同桌成绩能好一些，能带动自己的孩子好好学习。新同桌成绩一般，不知道该不该向老师提出换同桌的想法。"

和杨太太一样，想要请老师给孩子调换座位的家长不少。李先生也说，他女儿原来成绩优秀，自从换了个调皮的同桌，成绩一落千丈，"小学生本来抗干扰能力就差，我还是不希望女儿和调皮的孩子坐在一起。"遇到家长因为这样的理由要求换座位，老师会如何处理呢？

对此，一位资深老教师说，她班上曾有个很乖巧的女生的父亲找到她，说女儿同桌太调皮，要求换座位。"我是这么说的，你有两个选择，第一个，我马上就调换座位，让你女儿觉得只要爸爸出面，什么事都能搞定；第二个，不换同桌，让她自己体会和同学相处的方法。"女孩的父亲选择了后者。两个孩子磨合得很好，学习都进步了，"我提拔那个女生当了班干部，她有了使命感，会在同桌调皮捣蛋的时候提点他。"她说，总的来说，换座位会以个头为主要标准，另外会考虑"动静搭配"。"大家眼中的'后进生'虽然学习成绩不是很好，但往往很纯真。与'后进生'同桌能让'好学生'更有责任感。'好学生'学会帮助、关心调皮的同桌。"

当儿童进入学校学习后，就会有同桌，而老师也会根据自己的教学安排而调整座位，因此，孩子常需要面对新同桌。面对新同桌，一些儿童因为无法适应、无法和新同桌好好相处而

学习成绩下降，此时，作为父母，我们要帮助儿童调节自我。

我们要告诉儿童，其实，对于新同桌来说，他也会有不同程度的不适应，都渴望同学间能互相关心、经常互助，都希望别人能了解自己，也希望自己了解更多的同学。因此，在与新同学的第一次小谈话中，你的态度一定要温和，这样会让你的新同学对你的第一印象要好一些。然后，你可以问问她叫什么名字，然后可以再谈谈你的兴趣、爱好，这样会让你们彼此更加了解一些。一个小玩笑，一个眼神，一个微笑，一点小小的帮助，都能使自己和同桌迅速地熟悉起来。

除此之外，我们还要引导儿童把握好以下几方面，这样就比较容易与新同桌交往和相处。

1.礼貌待人，热情大方

与新同桌见面应主动热情地打招呼，不管是对男同学或是女同学，是初次见面或是多次见面，积极的态度有助于结交朋友；与同学交往要举止大方，同时应顾及对方的兴趣、爱好和习惯；交谈时不能粗言秽语，注意文明用语；多参加一些集体活动，加强与同学相互沟通。

2.互相关心，互相帮助

刚换一个新同桌，会有许多的不适应，会碰到这样或那样的问题。其实对方也是如此，这就需要同学间互相关心和帮助。在这种情况下能得到同学的真诚的关心和帮助，那是非常宝贵的。

3.为人谦虚，诚实守信

谦虚是一种美德，不管自己取得多大成绩，都不应妄自尊大，故意炫耀。虽然新同桌来源不尽相同，生活背景不太一样，每个人的经历也不同，但对方身上一定有值得学习的地方，因此，互相学习、共同提高就很有必要。另外，与新同桌交往一定要诚实，恪守承诺，讲信用，不说大话。这样，才能赢得真正的友谊。

4.宽容大度，学会谅解

新同桌在兴趣爱好、性格气质、生活习惯、文化修养等方面都存在较大的个性差异。与新同桌朝夕相处，有时因看问题角度不一、思想水平不同等，难免会有些行为摩擦和心理冲突，这时就需要我们相互谦让，严于律己，宽以待人，在处理问题上要求同存异，这样友好相处就有了根本保证。

其实，在日常生活中，父母就要有意识地培养孩子的接触面，带孩子多接触一些陌生人，这样，当孩子和不熟悉的人交往时，就能更快地适应了。

第09章
彬彬有礼，培养儿童在客人面前热情周到

日常生活中，人与人之间有交际就有迎来送往，亲戚朋友们之间相互走动是再正常不过的事。有做客就有待客，在家庭中，让儿童学会接待客人，是培养儿童社会交往能力的重要方法。那么，如何让儿童做好东道主呢？接下来我们在本章中进行一一分析。

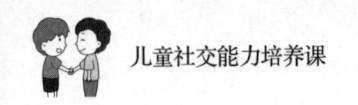

我也想做小主人
——让孩子参与到招待客人的活动中

在日常生活中，有人际交往，就有迎来送往，因此，我们的家中经常会有客人来。面对家中有来客的情况，可能不少父母会这样打发儿童："你自己玩去，妈妈（爸爸）要陪客人。"而此时，孩子会自顾自地一个人玩，久而久之，如果家里爸爸妈妈不在家，客人突然到访，孩子就手足无措了。而一些有心的父母会借机培养儿童待人接物的能力，让孩子参与到招待客人的活动中，这样，长此以往，孩子便掌握接待客人的礼仪，也就能做到落落大方地与人沟通和交往。

接下来，我们先来看看下面的案例：

芊芊今年10岁了，是个可爱的小女孩，她的爸爸是公司领导，因此周末家里经常有客人来。芊芊并不喜欢家里来客人，每次有客人来时，她都表现得比平时反常，要么纠缠着妈妈不放，要么和妈妈闹别扭，让妈妈也很难堪。不过后来的一次经历，改变了妈妈的看法。

有一天，同事带了女儿来家里，妈妈还担心女儿又闹别扭，但她走进女儿房间一看，发现，芊芊正和这位小朋友玩得很开心了，原来这个小朋友很活泼，她主动问芊芊在学校都有什么趣事，芊芊很高兴地跟她讲述着，后来还拿出自己的很多"宝贝"给她看。

看到这一幕，妈妈才突然发现，原来以前芊芊不喜欢别人来做客是因为家里来了客人，她就被晾在一边，好像和自己没关系一样。

后来，妈妈知道这一点后，每次家里再来客人，就让芊芊和自己一起招待，而且让女儿大胆地在客人面前表演最新学的舞蹈、歌曲等，大家都对芊芊的表现赞赏有加。得到肯定后的芊芊，表现得更好了，而且，后来在有客人来的时候，芊芊还主动拿水果和点心给客人，妈妈甚至完全可以把客人交给女儿招待了。

不少家长可能也和案例中的芊芊妈妈一样，发现孩子在平时表现还不错，但只要家中有人来做客，他们就表现得一反常态，如没有礼貌，要么纠缠父母，要么和小客人争抢零食和玩

具，甚至胡闹，让家长头疼，让客人尴尬。其实，这些儿童的"失礼"行为，可能是"故意为之"，因为他们没有被当成家庭的主人之一，不被关注。从小让孩子主动待客，并告诉他待客的礼仪，让孩子做一个有礼貌教养，热情大方的人，那么儿童就会受到欢迎，会得到别人的邀请，还有结交更多的小朋友。

具体来说，我们可以这样做：

1.将儿童郑重介绍给客人

把孩子郑重地介绍给客人，是对儿童的一种尊重，同时，也能让自己意识到自己在家庭中的重要性，进而发挥主人翁精神而去招待客人。父母应鼓励儿童与客人交流，进而让儿童自己摸索如何与客人相处。

2.鼓励儿童和客人互动

家中可以陈列一些照片，或者儿童的手工作品等，让儿童为客人讲解，继而促使儿童与成人之间大方交流，注意收集宝宝感兴趣的卡通片、故事角色、近来爱玩的小游戏，这样才能准确无误地找到宝宝喜欢的话题，让宝宝不会抗拒和客人一起交流。

3.家长招待客人也别忽略儿童

不少家长都认为，客人来了，让孩子一边玩去就可以了。其实，即使孩子还小，无法招待客人，我们让孩子在一边玩，也别忽视了孩子。我们在招待客人的间隙可以问问孩子，让孩子展现一些才艺，向他传递这样的信息："客人很重要，但你也很重要，爸妈并没有置你于不顾。"

4.某些话题可以让儿童来参与

客人来访,在他谈到某些话题时,其实我们也可以引导孩子来参加,征询一下孩子的意见,如客人问,应不应该让学龄前的孩子上网,或者带4岁以前的孩子进行长途旅行……这些问题时,当然是孩子最有发言权。

让儿童参与到成人之间的对话,对提升儿童的语言能力和交流能力、训练儿童的勇气以及不怯场的大方风度,都极有好处,也同时解决了大人相谈甚欢时孩子感到孤寂的问题。

相信经过耳濡目染,儿童会成为礼貌的小主人。孩子的人际关系好了,以后办什么事都顺利了。

家里突然来客人了手忙脚乱
——告诉儿童接待客人先要做好准备

任何一个家庭,都要面临迎来送往的社交活动,而作为家庭成员的孩子,也要学习一些待客之道,给人留下美好的印象。生活中,可能不少儿童面临客人的造访会手足无措,其实,为了防止儿童的失礼,我们可以事先告诉儿童如何接待,做好准备工作,让儿童从容应对客人的到访。

我们先来看下面的案例:

玲玲的妈妈刘女士是一位公关经理,她深知社交对女儿未来成长的重要性，因此，她在玲玲还很小的时候，就经常让玲玲单独接待家中来访的亲戚朋友，以此锻炼女儿的社交能力。

最近，老师要来家里做一次家访，妈妈心想，如果女儿能谈吐大方、彬彬有礼地与老师交谈，这对于提升女儿的社交能力与自信是十分有帮助的，但妈妈转念一想，女儿毕竟才7岁，如果不教孩子怎么做的话，家里真来了客人，一定会手忙脚乱、不知所措。所以，老师来的前一天，她就告诉女儿，老师要来家里做家访，希望她来做这次接待的主人，让女儿有个心理准备。她还告诉女儿，老师来了之后，要热情打招呼和迎接，将老师引进客厅，然后问询老师的口味，要为老师准备茶点。然后，明确老师家访的目的，与老师大方交流，而这个过程中，父母也会接待，但主要接待任务还是交给她。

玲玲果然没有让妈妈失望，老师第二天做完家访告诉她，玲玲是个很懂事乖巧的孩子，而且，才只有7岁，就能如此待人接物，确实很难得，听到老师这样的赞美，玲玲更开心了。

这里，玲玲妈妈是一个注重培养孩子社交能力的有心人。她让孩子做接待客人的小主人，并告诉孩子做足准备工作，不但给予了孩子实践的机会，也避免孩子因经验不足而受挫。

在现实生活中，不少父母感叹，家里来了客人，孩子要么是态度冷漠，表示不欢迎，或者躲在一旁，与客人讲话时表现得拘谨、胆小，态度不自然；要么非常兴奋，以"人来疯"的方式引起客人对自己的注意。而其实，这些都是因为父母没有找对教孩子应对客人的方法。那么，我们该怎样教孩子接待客人呢？怎样利用这个机会培养孩子的交往能力呢？

根据上面案例中刘女士的经验，具体来说，我们可以这样做：

1.物质准备

我们首先应让孩子做好物质准备，比如，让他学会准备一些饮料、糖果、点心，或为小客人准备玩具、图书。与儿童共同创造一种迎接客人来到的气氛。

2.心理准备

在父母知道有人要来拜访时，就应提前告诉儿童，将会有什么人要来家里做客，是来干什么的，与父母的关系是怎样的，应该如何称呼等。让孩子了解这些，是为了避免孩子在接待客人时缺少心理准备而手足无措。

3.客人拜访时的准备

父母除了在平时对儿童的言传身教外，还要从口头上告诉儿童该怎么做，如当客人出现时，提醒儿童要热情招呼、称呼对方，要请客人进屋坐，请客人吃点心等。

如若来的是小客人，要招待小客人吃零食、喝饮料，拿自己的玩具或者图书与小客人分享，或者请小客人参观自己的卧室，参观自己的小"作品"等。

鼓励或教儿童与客人交谈，必要时提供词语提示。如果儿童有弹琴、绘画等特长，可适当地鼓励孩子为客人表演。

另外，我们在让孩子在做准备工作时，要了解儿童的特点，切忌让儿童干他不愿意干的事，如果儿童本来就胆小懦弱，但你硬是让儿童接待客人，儿童因为紧张而说错话、做错事，可能会变得更加怯弱胆小，对客人更加冷漠。

而对"人来疯"的儿童，家长切忌在客人面前训斥或打骂，应设法让他暂时离开，待其冷静后再让他和大家在一起。

客人走后，父母要及时对儿童的表现作评价，肯定他好的表现，指出他不够的地方和改进的办法，逐步提高儿童待客的能力。

我很欢迎客人的到来
——告诉孩子用真诚和热情接待来客

我们都知道，迎来送往是交际应酬中一个必不可少的环节，待客之道也是一门为人处世的艺术。成人在对儿童的社交能力培养中,也要让儿童主动招待来访的客人,让客人真正感受到"宾至如归"。

日常生活中,家中不时有客人来访,而此时就是锻炼儿童社交能力的重要机会。是否懂得待客之道,关系到儿童在以后的人际关系的好坏,因此,我们要告诉儿童,真诚是待客乃至待人的首要前提,俗话说得好"千里送鹅毛,礼轻情意重",待客之道也是如此。相反,重金诱惑下的虚情假意也会让他人格格不入。

有一个人,不仅吝啬,还不诚实,可偏偏他的儿子又不太聪明。

有一天,有客人要来,那个人告诉儿子说:"如果客人来了问你'咱们家院子里的那棵桃树哪去了?'你就说'被你砍了卖了'。"

傻儿子记下了。

那个人又说:"如果客人问你'咱们家的牛棚哪去了?'你就说'兵荒马乱糟蹋了'。"

傻儿子记下了。

那个人又说:"如果客人问你'咱们家怎么这么有钱呢?',你就说'那是我爸妈辛辛苦苦赚来的'。"

傻儿子又记下了。

那个人又说:"如果客人问你'你为什么会这么聪明呢?'你就说'我们家世世代代都是这样的'。"

傻儿子又记下了。

第二天,客人来了。

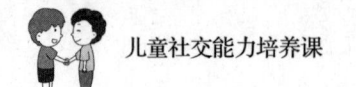

客人问傻儿子："你爸爸去哪了？"

傻儿子回答："被我砍了卖了。"

客人又问傻儿子："你妈妈呢？"

傻儿子回答："兵荒马乱糟蹋了"

客人又问傻儿子："你家门口为什么会有那么多牛粪呢？"

傻儿子回答："那是我爸妈辛辛苦苦赚来的。"

客人又问傻儿子："你为什么会这么说呢？"

傻儿子回答："我们家世世代代都是这样。"

客人大笑而去，自此，客人再也没来拜访过。

这当然是一个笑话，也是一个讽刺不诚实待客的寓言。所以，我们要儿童知道，那些不真诚待客的人，表面上看，他们占了便宜，还在为自己的小聪明自鸣得意，可事实上，你以什么样的态度对待别人，别人也会以什么样的态度对你，当你虚情假意时，对方也从心理上将你拒之门外了。

因此，家庭教育中，我们要告诉儿童，接待客人是一门艺术，要有准确的心态，并掌握接待客人的礼仪要点：

（1）迎接客人时，孩子要衣着整洁，不能衣衫不整。要是客人在吃饭时来访，孩子应该放下碗筷，主动站起来迎接。如果正在躺着休息，要马上起来表示歉意。在开门时要面带微笑。

（2）客人进屋后，请客人入座，让孩子倒上一杯温开水，或者端上一些水果，表示作为主人的热情，不要冷落了客人。当然，真诚最重要。若是客人初次登门拜访，在把客人介绍给家人的同时，也要把家庭成员向客人简单地逐一介绍。如果是常客，说话要自然，过分客套反而使人不自在。

（3）和客人交谈，最好是挑些轻松愉快的话题，万一不小心触及客人的伤心事，则要立即致歉并给予适当的安慰。

从卫生角度考虑，茶具最好有所讲究。泡茶要用壶，茶杯要有柄，不要用无柄的茶杯，以避免手与杯体、杯口触碰；留客人吃饭，为客人夹菜似乎很正常，其实这是很不卫生的。如果主人想表示好客之意，应使用公筷、公勺夹菜舀汤，千万不要用自己的筷子去夹。

另外，客人告辞时，应该以礼相送：有些家长作为主人时因为来客的身份不同，表现会有很明显的不同，其实这是很不正确的。不管是怎样的客人，都应该礼貌对待，这样才能体现出文明修养。

我们还应告诉儿童，要态度真切、自然，不要草率或者应付，对每一位客人都应该照顾到，但可以适当掌握程度，要使客人获得尊重。注意礼貌用语，如"再见""慢走""欢迎下次光临""以后还请继续指教"等。如果与对方关系密切的某位没来，还可在临走时说"下次可要带某某来哦。"对于初次来的客人，要周到细致，比如为其介绍附近的交通、住宿，或是叫熟客接送等。

总的来说，我们要告诉儿童，接待客人是一门艺术，细节决定了交际应酬的成败。让儿童学会接待的艺术，能让儿童一下子和客人拉近距离，能提升儿童的社交交往能力，进而为日后走入社会奠定基础。

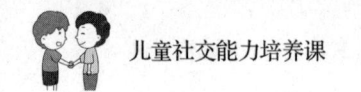

宴请客人有讲究
——告诉儿童家庭聚餐中的礼仪细节

有人说,餐桌最能展现一个人的修养与素质,因为餐桌上无处不透露细节。因此,用餐时要想彰显自己的良好素养,一定要注意自己的吃相,否则就会贻笑大方。毕竟,餐桌上的最主要活动还是吃饭。因此,我们在儿童还小的时候,就要培养他们文雅的用餐习惯。

一天,林先生和太太为儿子举办5周岁生日宴,这是一次中餐聚会。

中餐讲的是热闹,所以餐厅中摆了一张很大的圆桌。到6点的时候,大家都陆陆续续来了,还剩一位同事,林先生说再等等,就这样,在座的就开始闲聊起来。

这时,大家看到今天的小寿星——林先生的儿子已经吃起来了。他居然径直抢起圆盘转桌就转到自己面前,夹了一只基围虾放到自己的碗中,然后准备开始用手剥虾。此时,林先生赶紧打断他:"小伟,今天你是主人翁,大家都在呢。"听到爸爸这么说,小伟才作罢。林先生连忙道歉:"失礼失礼。"在座的宾客赶紧说:"小孩子都这样,没关系的。"

虽然大家都这么说,但林先生脸上还是火辣辣的,心想,看来也要对自己的孩子进行餐桌礼仪的教育了。

这一案例中,林先生目睹了餐桌上孩子失礼的行为:在众人还未动筷之前,便先转动转盘,过度取食,并想要用手直接接触食物。虽然主人已经为他解围,但孩子的这些举动还是给众人留下"难忘"的印象。

中国人常说:"民以食为天",简单的"吃"中隐藏着很大的学问。吃饭过程中,小小的细节问题是他人给我们"打分"的标准。在对儿童的礼仪教育中,从小培养他们良好的用餐习惯是基础和前提。

那么,作为家长,我们该如何告诫孩子,让其避免细节上的漏失呢?

1.注意坐姿

中国人常说,"坐有坐相,站有站相"。如何摆正自己的坐姿,是礼仪文化的一部分。我们要告诉孩子:参加饭局,就座时,身体要端正,手肘不要放在桌面上,不可跷足,与餐桌的距离以便于使用餐具为佳。餐台上已摆好的餐具不要随意摆弄。将餐巾对折轻轻放在膝上。即使你平时好动,好抖腿,也一定不要把这些不好的行为习惯带到餐桌上,否则很可能会洋相尽出,甚至坏了大事。

2.坐稳后就不可小动作频出

一些孩子参加饭局,刚开始还羞怯或者扭捏,但随着和周围人熟识,便开始小动作频出,比如吃到开心时,脱去外衣、撸起袖子、敞开领口、挽起裤管、脱下鞋,以便减少束缚、通风透气。这种"土匪下山"的做法有损于自我形象,失敬于人。

3.告诉孩子不要用手当众整理发型

我们要告诉孩子,整理发型,应于餐前或餐后在化妆间、休息厅或洗手间内进行。这一过程当众曝光,会让人觉得浅薄,而且还妨碍他人。另外,摆弄你的发型时,他人是不便用餐的。当自己整理发型时,倘若发屑飞扬、发丝乱舞,则会令人极度反感。

4.不要随便使用餐桌上的牙签

在餐桌上虽然备有牙签,但却不一定非要使用不可。即使要用,也不宜当众"公演"整个过程。咧开嘴在其中捅来捅去,甚至以筷子或手指替代牙签放入嘴里连抠带扒,这些都是令人作呕的做法。万一需要剔牙,应以一只手或餐巾挡在嘴前作为屏障遮挡。对剔出来的东西应当悄悄进行处理,切不可当众"观赏",甚至再次入口,或是随手一弹。牙签用毕即应立即取出,不要对其"恋恋不舍",长时间将它噙在嘴里。

5.不要在餐桌上做某些不雅的小动作

我们要告诉孩子注意不要有这样一些不雅的小动作:

比如,餐前擤鼻涕或打嗝,应向周围的人道对不起。咀嚼食物时一定要闭着嘴巴，而不能张开嘴巴发出响声。喝汤时要用汤匙一勺一勺地舀汤进口中，而不能用嘴唇去啜汤，呼呼作响。如果汤太烫，可以轻轻吹一下或等它凉了以后喝，但决不要去啜。嘴里含有食物的时候不能向别人问话，要讲话必须先把嘴里的食物吞下去后再说。如果吃一口菜觉得太烫难以下咽，只能喝一口凉水，而不能把食物往外吐。骨头或肉渣之类，应当吐在手中再放在菜盘边，不应直接吐到菜盘上或桌布上。切不可用手指头挑鱼骨屑，那是有失斯文的。用过的金属餐具都必须放在菜盘上，而不能放在桌布上。

自古以来，中国的饮食文化驰名世界，中餐礼仪当然也声名远播。但随着时代的变迁，饮食文化正向多元化发展。父母应教导孩子，决不能只为了口腹之欲，而忽略了起码的礼貌和礼仪，并且，要让儿童学会从小养成良好的用餐习惯，因为这除了体现儿童个人的素养之外，更能提升用餐的品质与内涵。

餐具使用有讲究
——告诉儿童筷子与刀叉使用中的学问

中国人常说："民以食为天"，我们每天都要吃，但吃饭不是一件简单的事。"吃"得好，会给他人留下良好印象，认为我们修养良好；"吃"得不好，他人就会认为我们不懂礼数。这里,"吃"得好不好,很多时候,和我们会不会使用餐具有极大的关系。不同的餐具有不同的使用规范,如中餐中的筷子和西餐中的刀、叉、勺。

一天,小米家来了一位客人——妈妈的同事,来自美国的珍妮。

小米的妈妈来自四川,烧得一手好川菜。珍妮刚进屋,就看到圆桌中间的五花肉火锅,这道菜简直让珍妮馋得流口水。于是,珍妮刚坐下,小米就走过来,用一口并不流利的英语告诉珍妮,欢迎她来家里做客,然后拿起筷子给珍妮夹了一块肉。

这时,妈妈对小米使了个颜色,可是小米好像根本没看到,还只管为珍妮夹菜。珍妮从小生长在美国,很不习惯中国人的这种宴请方式,但又不好拒绝,只好在饭后把自己的想法告诉小米妈妈。妈妈告诉小米后,小米羞得红了脸,然后开个玩笑说:"我只顾让珍妮吃饭,都忘了礼节了。"

这一案例足以说明:在筷子的使用礼节中,为表示友好、热情,彼此之间可以让菜,劝对方品尝,但不要为他人布菜。尤其对外国客人不要反复劝菜,因为国外没有劝菜的习惯,应由其本人决定吃不吃。

生活中,可能一些孩子会说,我从小就会使用餐具,而其实,不同餐具的使用学问很大,这需要父母详细教导孩子,以免让孩子失了礼仪。

那么,以中餐中使用的筷子为例,儿童需要掌握哪些筷子的使用礼节呢?

1.筷子的使用礼仪

饭，人人会吃；筷子，人人会用，但如何使用，却反映了一个人的知识水平和文化修养。

使用筷子有八条忌讳：

舔筷——用舌头舔筷子。

迷筷——手拿筷子，犹豫不定，不知道自己要吃哪一道菜，筷子在餐桌四处游寻。

摩筷——互相摩擦筷尖。

移筷——夹了一个菜之后，不接着吃饭，继而又去夹另外一个菜。

插筷——用筷子插菜肴来吃。

掏筷——用筷子在菜肴中拨弄，挑选自己喜欢的来吃，而不是从一边有顺序地夹出来吃。

指筷——用筷尖指人的动作。

剔筷——用筷子尖替代牙签剔牙。

另外，我们要告诉孩子，在用餐时，爱吃什么与想吃多少，讲究的是大家自己照顾自己。主人只要在口头上对来宾相劝即可，千万不要热情过了头、越俎代庖，动不动就下手替别人布菜。你又不是他肚子里的虫子，不知道他爱不爱吃，况且，你夹了他就得吃，这有强迫服务之嫌。那样做不仅会让人为难，还会造成餐具使用上的不卫生。我们要告诉孩子：为客人布菜本是一种传统礼仪，但是一定要注意方式方法，不要用自己的筷子给客人夹菜，而应使用公筷。

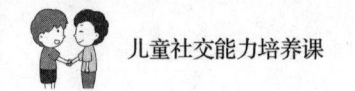

2.刀

宴会上，吃西餐时，最正确的拿刀姿势是：手握住刀柄，拇指按着柄侧，食指则压在柄背上。可不要把食指伸到刀背上。另外，在拿刀时，不要伸直或者翘起小指，一些人以为这样很优雅，其实这是失礼的表现。

西餐中的刀是拿来切割食物的，不可直接用刀将食物送进嘴里，记住：右手拿刀。

在一些西餐桌上，会有三种不同规格的刀，这些刀的使用方法分别是：有锯齿的刀是用来切割肉质食品；大小中等的刀用来将蔬菜切成小片；圆头刀尖的、小巧的、顶部有些上翘的小刀，则是用来切开小面包，然后用它挑些果酱、奶油涂在面包上面。

切割食物时要双肘下沉，不要将手肘离开桌子，这样的吃相不雅，而且，一不小心，食物还有可能飞出去。

3.叉

叉子的拿法有背侧朝上及内侧朝上两种，要视情况而定。

背侧朝上的拿法和刀子一样，以食指压住柄背，其余四指握柄，食指尖端大致在柄的根部，若太靠前方，外观不好看，太往后，又不太能使劲，硬的食物就不容易叉进去。叉子内侧朝上时，则如铅笔拿法，以拇指、食指按柄上，其余三指支撑柄下方；拇指和食指要按在柄的中央位置，如果太向前，会显得笨手笨脚。

左手拿叉，叉齿朝下，叉起食物往嘴里送，如果吃面条类软质食品或豌豆等，叉齿可朝上。动作要轻，叉起适量食物一次性放入口中，不要拖拖拉拉一大块，咬一口再放下，这样很不雅。叉子捡起食物入嘴时，牙齿只碰到食物，不要咬叉，也不要让刀叉在齿上或盘中发出声响。吃体积较大的蔬菜时，可用刀叉来折叠、分切。较软的食物可放在叉子平面上，用刀子整理一下。

4.勺

在正式场合下，勺有多种，小的是用于咖啡和点心的；扁平的用于涂黄油和分食蛋糕；比较大的，用来喝汤或盛碎小食物；最大的是公用于分食汤的，常见于自助餐。切莫搞错。汤匙和点心匙除了用于喝汤、吃甜品外，绝不能直接舀取其他主食和菜品；不可以将餐匙插入菜肴当中，更不能让其直立于甜品、汤或咖啡等饮料中。进餐时不可将整个餐匙全部放入口中。

一般来说，吃西餐的过程中，餐厅的服务员都是经过专业训练的，所以会根据你所点的西餐上所需要的餐具，然后撤掉不需要的部分。我们须要记住的是，喝汤用汤匙，吃牛排时用刀叉，左手持叉，右手持刀（法、英式吃牛排，切一块吃一块，美式吃牛排，可一块块切好了再吃）。

刀叉的拿法是轻握尾端，食指按在柄上。汤匙则用握笔的方式拿即可。如果感觉不顺手，可以换个手，但切忌频繁更换。若有两把以上，应由最外面的一把依次向内取用。吃意粉用叉卷着吃。吃饭用饭匙，吃餐包用牛油刀抹上牛油吃。

在吃餐包、三明治、薯条及带骨的食物（如鸡腿、蒜香骨等）就无须使用餐具，可直接用手持起食用。

如果我们的孩子能学习好以上几点，他大致就能掌握筷子与刀、叉、勺等基本餐具的使用方法了！

我喜欢这个小朋友
——如何引导孩子与小客人友好相处

家中经常会有小客人来访，比如，朋友带着自己的孩子前来做客，或者孩子的小伙伴上门来玩。很多父母认为这是件好事，可以让孩子多一个玩伴，而孩子却不认为，因为出现了一个与自己争抢玩具和美食的人，也许还会分享父母的爱。所以，对于不少孩子来说，小客人是一个"外敌"。

教育心理学家分析，在家庭生活中，小客人的造访，可能让他们出现两个问题：

1.儿童不愿意和小客人分享物品

一些父母认为，孩子不欢迎小客人，是自私自利的行为，也为此头疼不已。然而，7岁以前的孩子的道德认识是直观的，并没有责任感，因此我们不能以成人的眼光看待年幼的孩子的行为，更不能用成人的道德标准去评判孩子。然而即便如此，我们还是要对孩子的这些不愿意分享的行为进行引导和干预，不能任由孩子的自私天性发展下去，否则，等孩子长大后，他们便会以自我为中心、自私自利，难以与人和谐相处。

2.儿童因为父母关注小客人而吃醋

在家里来了小客人时，大人难免会提到这位小客人，对这个孩子夸赞一番，而此时，我们的孩子就会吃醋。孩子吃醋，其实是因为缺乏安全感，这一点，在儿童的成长阶段是很常见的。

孩子的心理还没有发育成熟，对于成人的行为有时无法理解，所以，只要看到父母对某个小朋友好，夸赞某个小朋友，他们就认为自己会失去妈妈的爱，自然就会吃醋。

小凡今年4岁了，倒也听话，但是就是不愿意与人分享，这一点让她的妈妈很头疼。

小凡的父母兄弟姐妹很多，家里亲戚也很多。然而，小凡有个不好的习惯，那就是每次家里来了小客人，她都会把自己的零食和玩具藏起来，生怕妈妈拿给其他小客人，而如果妈妈非要拿的话，她就又哭又闹，让在场的客人们十分尴尬。妈妈又气又无奈，已经训了小凡几次，但小凡还是屡教不改，现在看到其他小朋友来，甚至把房门关起来不让他们进来了。

妈妈觉得有必要好好纠正一下孩子了，所以有一次，妈妈说要和她玩个游戏，小凡欣然答应了：妈妈当主人，而小凡当客人，当小凡想要玩布娃娃时，妈妈拒绝了，并称这是妈妈的玩具。小凡要了三次，妈妈拒绝了三次，小凡很生气。妈妈这时说："平时家里来了小朋友，你不也是这样对待他们的吗？其实他们也很难过啊，要是你愿意把玩具借给他们玩，大家不都很开心吗？"小凡马上去把她最喜欢的芭比娃娃拿出来，递给妈妈。妈妈也很愉快地把新布娃娃借给她玩。

在这次引导之后，小凡的表现好多了，家来再来了小客人时，她也豁达多了，也愿意把新玩具给小客人分享。就这样，小凡成了亲戚孩子们最受欢迎的一个玩伴。

这里，小凡妈妈的教育方法值得我们借鉴。那么，具体来说，我们该如何引导孩子和小客人和睦相处呢？

（1）儿童不愿意跟小客人一起玩，不愿意分享，是因为他们的主观意识不强，认为家里来了客人与自己无关，而如果我们让孩子明白，他也是家里的一分子，家里来了客人，他也应该发挥主人翁精神招待小客人，而且，分享并不是失去，而是能获得友谊，那么，孩子是愿意分享的。

（2）年纪相仿的孩子在一起玩时，父母要多加留意，但不必干涉。

（3）给小客人找玩具或图书时，不妨请孩子帮忙，说："宝宝，去找个玩具，和××一起玩好吗？"并记得及时肯定孩子的表现。

（4）妈妈在接待小客人时，最好让孩子参与进来。比如，如果来的客人很小，妈妈要给小客人喂饭，就可以让孩子帮忙，这样他也会很高兴。如果孩子做得很好，就可以夸赞他："你真是个好哥哥（姐姐）。"他会很骄傲的。小宝宝睡着了，可以提前告诉孩子："小弟弟睡着了，你帮妈妈轻轻地把门关上好吗？"如果孩子帮忙了，夸他："你真懂事。"

（5）当父母发现儿童不高兴时，应说一句："我家的孩子也很厉害啊，在……方面就很棒。"这句话能安慰孩子，消除他心里的坏情绪，让他知道爸爸妈妈是公平对待孩子们的，不会厚此薄彼。

（6）当小客人来临时，家长不要拿小客人与自己的孩子对比，如"你要是有别人的一半好，我就谢天谢地"，这样的话只会伤害孩子的自尊心。而且，你越是比较，越是挑起孩子的不平衡心理，当这个小客人下次来做客时，他只会产生更反感的情绪。

总之，我们教育儿童接待小客人，不只是要让儿童学会接待礼仪，更重要的是希望他能明白，有些事物是不能独占的，分享才会获得友谊。但对于儿童不能分享的行为，我们也不必焦虑，因为孩子随着年龄成长而活动范围扩大，人际关系日益复杂，他会慢慢学会关心别人和与人相处。

让客人满意离去
——客人离去,教会儿童周到送客

中国人常说,待客有礼,其实,我们所说的"待客",不只是招待客人,还有送客,有"迎来"就有"送往",送客在整个招待过程中起到的是画龙点睛的作用。如果送客之礼到位,就会锦上添花,让待客完美收官,而如果在最后的这一步骤上没有做好的话,那么,即使前面与客人再相谈甚欢,整个招待过程也略显遗憾。

因此,作为父母,我们在日常对儿童的礼仪教育中,也要教会儿童送客的礼节。当他们将所学很好地运用到送客过程中时,客人会倍感温暖。

小超今年才四年级,但很懂事。他的父母都很忙,有时候出差,有时候加班,所以平时家里基本上都只有小超一个人。而家里来了客人,很多时候也是小超接待。

虽然小超今年才10岁,但来拜访的叔叔阿姨们对他却是"零差评",不管最后这些客人能否等到爸爸妈妈,他们在离开的时候都很开心。

这不,有一天,妈妈的老同学孙阿姨打电话告诉妈妈说:"小超可真是个懂礼貌、懂礼节的孩子,我上次去你家找你,心想你肯定在家,结果你不在,是小超招待我的。在我临走的时候,他还说希望我有时间一定要再来家里玩,并且还把我送

第09章 彬彬有礼，培养儿童在客人面前热情周到

到楼下，给我开门，真是个小绅士呢！这个孩子……哎呀……真是太懂事了！"

无独有偶，然然也是这样一位懂事的孩子。然然生长于书香世家，从小爸爸妈妈就特别注重对他的礼仪教育，到然然8岁时候，他已经能独自招待客人了，即便父母不在家，他也能让客人满意离去。为此，爸爸妈妈的不少朋友和同事都夸赞然然很懂事。

有一年，然然妈妈大学时的闺蜜从外地来北京开会，顺便来看看妈妈。妈妈因为有事很晚才回来，只好让然然先帮忙招待下。然然陪这位阿姨聊了很久，但后来这位阿姨的公司有急事就先要走，而此时，然然很遗憾地说："罗阿姨，我妈妈还没来得及和您叙旧呢，这么快就走，希望您以后多抽出些时间来我们家！"罗阿姨听了，笑得合不拢嘴，她没想到才八九岁的小孩子就这么懂事。

这件事罗阿姨告诉了然然的妈妈，称这个孩子将来一定是个人见人爱的绅士。

像小超和然然这样的儿童，肯定会让客人感到舒服，就算自己本该找的人没等到，也会因为小主人的热情相送而备感温暖。

让儿童接待客人，在很多家庭中都有，但是并不是每个儿童都能做到游刃有余、落落大方，让客人满意离去的。的确，有哪个家长不希望自己的孩子能像案例中的这两个孩子这样，成为落落大方，以礼待客的小主人呢？对此，我们家长要告诉儿童：

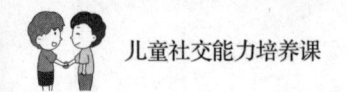

1.等客人起身后,才起身相送

客人告诉自己要走的时候,告诉孩子不要在客人起身前起身,因为这样会显得我们有点迫不及待地想让客人离开,而是应该等客人起身后,再起身相送,而客人走到门口要走的时候,应有礼貌地说"再见"。如果客人中有年老体弱者,则应帮助下楼上车,然后再道别。

2.对客人带来的礼物再次表示感谢之情

通常情况下,人们在拜访他人时,时常会带一些小礼物。对于客人带来的礼物,我们要让儿童表达感谢之情,而在送客人走的时候,要再次表达这种谢意。如果家长也为客人准备了礼物,客人婉拒时,儿童应大方地劝客人将礼物收下。

3.帮客人检查有无遗漏

当客人告辞时,告诉孩子可以帮助客人检查一下是否有东西遗留,以免为客人带来不便。

总的来说,送客的礼节在整个接待过程中非常重要,我们要培养有礼有节的儿童,就要让孩子关注这一细节。

参考文献

[1]徐可夫.儿童社交能力养成课[M].天津：天津科学技术出版社，2019.

[2]路建立.让孩子成为社交小达人[M].北京：中国经济出版社，2013.

[3]方州.孩子社交第一课[M].北京：中国华侨出版社，2011.

[4]柯恩.如何培养孩子的社交商[M].安燕玲，译.重庆：重庆出版社，2018.